本专著是 2023 年度黑龙江省高等教育教学改革项目思想政治理论证
号：SJGSZD2023031）的研究成果，是 2023 年省属高校基本科研业
号：WF10236230306）的研究成果，同时也是 2020 年度黑龙江省哲
校思政专项（项目号：20SZB30）的研究成果。

U0602833

残障大学生
思想政治理论课实效性研究

刘文文　著

九州出版社
JIUZHOUPRESS

图书在版编目（CIP）数据

残障大学生思想政治理论课实效性研究 / 刘文文著.
-- 北京：九州出版社，2024.5
ISBN 978-7-5225-2852-6

Ⅰ.①残… Ⅱ.①刘… Ⅲ.①残疾人－大学生－思想
政治教育－研究－中国 Ⅳ.①G641

中国国家版本馆CIP数据核字(2024)第085025号

残障大学生思想政治理论课实效性研究

作　　者	刘文文　著
责任编辑	陈春玲
出版发行	九州出版社
地　　址	北京市西城区阜外大街甲 35 号（100037）
发行电话	(010)68992190/3/5/6
网　　址	www.jiuzhoupress.com
印　　刷	三河市嵩川印刷有限公司
开　　本	787 毫米 ×1092 毫米　16 开
印　　张	14.75
字　　数	200 千字
版　　次	2024 年 5 月第 1 版
印　　次	2024 年 5 月第 1 次印刷
书　　号	ISBN 978-7-5225-2852-6
定　　价	68.00 元

★版权所有　侵权必究★

前　言

　　残疾人高等教育在我国的发展虽然只有近 40 年的历程，但是却日益受到社会各界的关注，尤其是党的十八大以来，以习近平同志为核心的党中央将残疾人事业作为中国特色社会主义事业的重要组成部分，残疾人工作成为"五位一体"总体布局和同时"四个全面"战略布局的重要内容，残疾人事业更加充分纳入党和国家工作大局，高等特殊教育得到前所未有的重视和发展，越来越多的残疾人有机会走进大学校园，通过接受系统的专业教育，为自身不断地增权赋能。这同时也为如何提升残疾人高等教育带来不少新的课题，如何有效开展残障大学生思想政治课就是其中一个重要的研究部分。

　　本专著是 2023 年度黑龙江省高等教育教学改革项目思想政治理论课教学改革研究专项（项目号：SJGSZD2023031）的研究成果，是 2023 年省属高校基本科研业务费项目二十大专项（项目号：WF10236230306）的研究成果，同时也是 2020 年度黑龙江省哲学社会科学研究规划项目高校思政专项（项目号：20SZB30）的研究成果，是以我校听障大学生思想政治理论课的具体开展作为依托，来深入探究在残障大学生思想政治理论课教学中的问题及策略的，以为提升残障大学生思想政治理论课的实效性提供借鉴。本书首先介绍了残障大学生定义、残障大学生思想政治理论课等方面的内容，从宏观层面为读者构建了一个了解残障大学生思政课特殊性的框架和体系；接着对残障大学生思政课的主要内容和存在的实效性不强等问题进行详细分析，并结合残障大学生的身心特点，从创新教学手段、保障师资力量等方面进一步探讨了解决方法。

在撰写本书的过程中，由于研究内容涉及教育学、心理学、社会学等诸多领域，作者查阅了众多相关资料，在此对文献作者给予感谢。另外，本书的完成得益于本人所在工作单位——绥化学院（黑龙江省特殊教育本科专业高等院校，其也是本省唯一一所特殊高等教育院校）。学校有着得天独厚的现实资源，可随时请教特殊教育专业老师和长期从事残障大学生思想政治理论课教学工作且有着丰富教学经验的一线老师。在这里，著者向他们的无私帮助表达衷心的感谢。最后，由于残障大学生思政课的教学尚处在探索阶段，限于作者的研究视野和有限精力，研究中难免会存在不足，敬请各位同行和读者予以批评和指正。

目　录

第一章 残障大学生思想政治理论课概述

本章除了对残障大学生、残障大学生思想政治理论课实效性等关键概念进行科学界定外，还分析了残障大学生的身心特征，并对残障大学生思想政治教育的发展历程与现状进行分析，结合新时代国家对残疾人事业发展的考量，阐述了新时代残障大学生思想政治理论课开设的现实意义。

第一节 残障大学生的界定

一、残障大学生释义

1987 年，我国开展第一次残疾人抽样调查，首次将"残疾人"定义为"在心理、生理、人体结构上，某种组织、功能丧失或不正常，全部或者部分丧失以正常方式从事某种活动能力的人，包括视力残疾、听力残疾、言语残疾、肢体残疾、智力残疾、精神残疾、多重残疾和其他的残疾人"[1]。这一定义写入了我国 1990 年颁布的《中华人民共和国残疾人保障法》中，2018 年修正的《中华人民共和国残疾人保障法》仍延用了这一定义。

残障大学生是残疾人当中的一个特殊群体。本书中所涉及的"残障大学

---

[1] 《中华人民共和国残疾人保障法》1990 版，第一章总则第二条。

生"是指在高等院校接受教育的群体中存在着视力、听力、言语、肢体方面残疾的学生，探讨的残障大学生主要包括在高等特殊教育院校和普通高等院校接受全日制教育教学的听障大学生、视障大学生和肢残大学生。其中，听障大学生是指在听力方面存在障碍的残障大学生，也称聋人大学生；视障大学生是指在视力方面存在障碍的残障大学生，也称盲人大学生；肢残大学生是指在肢体方面存在残疾的大学生。

二、残障大学生高等教育的发展历程与现状

（一）起步阶段的高等特殊教育状况

我国残障大学生高等教育起步于 20 世纪 80 年代中期，以山东滨州医学院创办的残疾人临床医学系开始专门招收肢残学生为起点，发展至今，已有近 40 年的历史。由于起步较晚，加上残障大学生人数在大学生总人数中占比过小，因此，有关部门对高等特殊教育的工作重视程度不太高，高等特殊教育成为高等教育事业中的短板。其发展不平衡、不充分的问题凸显在理论层面，表现为相关研究不多，且缺少深度的理论探索和实证研究，残疾人高等教育过多地借鉴国外研究，而国外相关理论中又缺少运用马克思主义理论对残障大学生进行研究的内容[1]，因此，我国系统研究高等特殊教育的文献十分匮乏，尤其是在思想政治教育和思政课教学方面，基本采取的是和普通大学生的思想政治教育相似的教育教学范式，缺乏针对性，因而无法有效展开。从现实层面看，招收残疾本科生的高校数量不多。以黑龙江省为例，现仅有绥化学院一所高校面向全国招收听障本科大学生，实行单独考试、单独录取、免收学费政策，其残疾大学生思想政治教育工作还处于起步和摸索阶段，迫切需要相关指导，积极和国内其他此类高校开展学习交流活动。在师资建设层面，长期缺乏具有专业知识水平和思想政治素质双高的教师队伍，不少普通教师在缺少专业培训的情况

---

[1] 林海燕.残障大学生思想政治教育的困境与突破路径[J].现代特殊教育，2018（2）：23-26.

下，难以针对残障大学生这一群体的实际情况展开教育工作。综上，处于起步阶段的高等特殊教育办学层次亟待提升。

（二）党的十八大以来残疾人高等教育发展状况

党的十八大以来，党和政府不断加大对残疾人事业的支持力度，残疾人高等教育加速发展。党的十八届三中全会将健全残疾人权益保障纳入全面深化改革的重要方面；党的十八届四中全会将完善残疾人合法权益保护等方面的法律法规作为全面推进依法治国的重要内容；党的十九大报告将加强残疾康复服务融入加强社会保障体系建设之中；党的十九届五中全会将健全残疾人关爱服务体系和设施，完善帮扶残疾人等社会福利制度设为"十四五"规划和2035年远景目标建设；党的十九届六中全会再次强调深入发展残疾人事业。纵观这一时期，我国全面推进《特殊教育提升计划》实施落地，回望中国特色社会主义进入新时代初期推出的《特殊教育提升计划（2014—2016年）》（简称"一期计划"），为高等特殊教育的发展提供了政策保障，亦为本研究提供了基础，之后的《第二期特殊教育提升计划（2017—2020年）》（简称"二期计划"），提出"完善特殊教育体系"和"到2020年，非义务教育阶段特殊教育规模显著扩大"，尤其是在重点任务中明确"稳步发展残疾人高等教育"，更为高等特殊教育发展指明了方向，同时也为本研究的推进提供了更为有力的支撑。2022年3月《"十四五"特殊教育发展提升行动计划》明确了"十四五"期间特殊教育高质量发展的工作目标、重点任务和保障措施，更是为今后残疾人高等教育朝着高质量发展作出了整体规划。上述党和政府对特殊教育事业的发展所给予的前所未有的重视与推进，是中国特色社会主义进入新时代后，我国在残疾人高等教育获得长足发展，在相关方面的研究中取得了一定成果的重要原因和政策保障。

当前，我国特殊教育事业蓬勃发展，开设特殊教育专业的高校日益增多，招生规模稳步扩大，解决了过去高等特殊教育开办学校少、招生规模小等现实问题。据中国残联报道，"十三五"时期，我国共有 57 477 名残障人士被普通高校录取，较"十二五"时期增长了近一倍；此外，还有近一万名残障人士被高等特教学院录取，较"十二五"时期增长了也近一倍。前面两组数字意味着，近五年间我国有大约 7 万的残障大学生走进大学校园，通过接受高等教育不断来提升自己，高等特殊教育"大众化"趋势明显，这不仅对推进我国残疾人高等教育事业发展有着深远影响，而且对提升国家人力资本和进一步促进教育公平也具有重大意义。

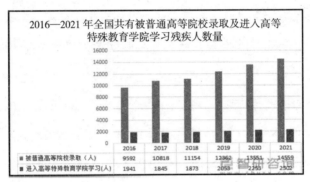

来源：智研咨询 www.chyxx.com

图 1-1　2016—2021 年全国被普通高等院校录取及进入高等特殊教育学院学习的
残疾人数量

三、残障大学生的身心特征

随着残疾人高等教育事业的不断发展，越来越多的残障青年有机会进入高等学府深造，但残障大学生由于自身的生理缺陷会存在较多的负面情绪，产生诸多心理问题，因此，在开展残障大学生思想政治教育的过程中，必须意识到残障不仅仅是器官功能的缺失，也会有性格上、心理上的缺失。国外将残障大学生的生活态度分为 5 种类型：

1. 接受型——接受现实，并在心理上积极进行自我调整。

2. 拒绝型——拒绝承认残疾的现实，表现过于自信。

3. 防卫型——将自己生活中的失败完全归咎于家庭和社会。

4.退缩型——回避现实中的困难和挫折，表现为孤僻、沉溺于幻想、自卑或过度敏感等。

5.无调整型——不能处理生活中遇到的实际问题，缺乏生活能力。

在开展残障大学生思想政治教育工作时，我们通过整理相关调查资料发现残障大学生的心理健康状况尤为堪忧，这给高校思想政治教育工作带来了很多新的挑战。如何养成残障大学生良好的心理素质，使其在社会中获得较好的生存和发展空间，日渐成为残障大学生思想政治教育的重心。它要求思想政治教育工作者拥有更多有关残障大学生心理健康教育方面的理论与实践经验。因此当前，高校在注重残疾人基础设施等硬件条件建设的同时，也应在关心残障大学生心理健康这一领域给予更多的重视。

（一）自我满意度较低

通过对多次不定期的调查问卷进行比较分析，发现相较于正常大学生，残障大学生会存在更多的负面情绪。残障大学生在大多数普通高校中都隶属于特教院系，人数占比较小，周围大多是健全人，非本专业课的高校教师和普通大学生因交流障碍很少与其交往，作为特殊的弱势群体，加之自身生理上的缺陷，他们往往非常在意别人的目光和评价，有着自尊心极强、自信心极弱的特征，一旦遇到别人的否定、家庭期望过高、社会的歧视、自我期望的压力、不受尊重的事等，便容易在心理和思想层面上产生"生不如人"的自卑心理、抑郁、焦虑，对新环境产生不适、心理压力倍增等，这些都会引发他们感到孤独、沮丧和焦虑，表现出性格内向、对他人的不信任、敌对情绪较高、自闭孤独、情绪低落、交往时的羞怯和畏缩以及对未来有着更悲观的预期等。

从实证层面看，有学者调查了800名残障大学生，发现大部分残障大学生都有明显的自卑倾向。分析指出，这与其生活中较多的失败经历以及周围人一些不正确的态度有关。残障大学生情绪体验较强，表现出情绪不稳定和爱发脾气的人很多，特别是年龄较大的残障大学生，情绪问题更突出。这一方面与年龄的增长，自我意识发展及自尊心增强有关；另一方面，生活阅历的增加和所面临的实际问题更复杂也可能成为原因之一。同时，分析还表明残障大学生中具有独立意向的比例较小。从客观原因看，由于他们在生活中经常需要别人帮助，且离家上学的年龄普遍偏大，这些都不利于独立意识形成。而且大多数残障大学生的父母对孩子的生活过于照顾，不懂得帮孩子及时有效地进行生活能力方面的训练，也没有让他们承担该承担的责任和义务，这都阻碍了孩子独立意识的形成。此外，部分残障大学生在人际关系方面表现出孤僻倾向，特别在交友愿望上，不少残障大学生都存在着与正常生交往的心理障碍，这种障碍的形成与残障大学生本身的自卑和敏感有关。而上述这些心理健康问题与未来的婚恋问题、就业问题等密切相关，都需要思想政治教育工作者从心理咨询角度分析，帮助调节其认知，降低其负面情绪。

（二）孤独感较为强烈

孤独感是残障大学生普遍存在的情感体验，造成这种情感体验的原因通常来自生理缺陷和心理缺陷两个方面。

从生理缺陷的影响看，残障大学生的行动受到不同程度的限制，在许多场合常常受到歧视，使他们不得不经常待在家里，社交行为普遍较少，而人具有社会属性，只有生活在社会当中，通过交流交际，个人感情才能得到倾诉，情绪才得以宣泄，一个人的情绪得到及时的宣泄，情绪才会变得平稳和谐；而残障大学生因为参加活动少，情绪得不到及时的宣泄，并把这种心理感受强行压在心底，久而久之便产生了孤独感，逐渐变得行为孤僻。

从心理上的某些缺陷影响看，残障大学生由于身体的缺陷容易使自己过多地注意自己，与健全人相比，他们始终觉得自己与众不同，低人一等，自己瞧不起自己，缺乏生活的信心和勇气。其表现就是不愿在人多的情况下处事，因为害怕受到挫折和失败，他们极其容易产生自卑情结。自卑是个人愉快生活和进步的天敌，它使许多人失去信心和勇气，所以具有自卑心理的残障大学生很容易表现出心境消沉、不苟言笑、不愿交流、不愿交往、拒绝在公众场合露面、情绪低落、兴趣减退等现象。此外，这一心理还表现在对别人的态度和评论特别敏感上。容易猜疑，大多数残障大学生在接触健全人时，特别在意对方的语言、动作及眼神，容易对别人的行为产生猜疑，害怕自己的身体缺陷遭到别人歧视，尤其是容易计较别人对他们不恰当的称呼，并且伴有情绪激动；容易与同学发生冲突，也是其自卑心理的一个体现，这也进一步加剧了他们封闭自己、不主动与他人交流的人格障碍。

（三）易产生焦虑感

由于大多数残障大学生在追求理想的过程中要比常人付出更多的艰辛与努力，因此一旦付出的努力与得到的结果不成正比时，面对挫折就会加重对自身的自我否定情绪，深感焦虑与迷茫，特别是在重要事件节点时，比如恋爱、就业过程中出现难以解决的困扰时，相对健全大学生来说，其焦虑感会倍增，且不擅于表达和主动寻求压力的排解，因此负面情绪长期得不到释放，这其中蕴含的隐患不容小觑。尤其是在毕业期间，残障大学生更加渴望得到稳定的工作，过上稳定的生活。但在求职过程中屡屡被拒或看到其他残障毕业生无法就业时，就会觉得看不到自己的前途，自然就产生了焦虑心理。而事实上，我国大中专毕业生就业已经实行"双向选择，竞争上岗，择优录用"的就业制度，加上近几年高校毕业生人数持续增多，更是供过于求。在这种情况下，就是非残障毕业生的就业都不容易，就更不用说残障毕业生了，他们的就业范围更窄，特别是重度残障的毕业生就业前景更是不容乐观，因此如果不能及时疏通其思想，很多时候残障毕业生会将其原因归咎于自己生理残缺不全，因而焦虑感格外强烈。

（四）心理依赖感强

大多数残障大学生，尤其是感官上有障碍的残障大学生，自小生活和学习范围就在家长和教师的安排中进行，是在家长和老师的呵护帮助下成长的。从人的惰性心理讲，常人都会有，残障大学生也不例外。残障大学生由于自身的缺陷，需要获得社会的支持和帮助，对他人有一种依赖感，尤其是腿脚有缺陷的残障大学生，依赖程度更高。相较健全的大学生，其活动范围较窄，接触的事物也相对有限，他们接受的思想大部分源自老师和家长给予的正面性东西，思想比较单纯，更愿意相信家长、相信老师、相信社会，对待事物的单纯与真诚使得他们更容易被感动，这是积极的一面；但同时，也正是由于这样的成长经历，使得他们更依赖于来自家庭、学校的安排和帮助，如果某件事情安排欠妥，他们就会觉得很不应该，容易产生抱怨。

（五）心理负担过重

生理的残缺使残障大学生较为敏感，同时也能使他们体验到常人很难体验到的情感，他们更能体验到生命的沉重感，也更能体验到生命的顽强感。他们总是渴望获得其他方面的成功以弥补自己的缺陷，有着比别人更强的成就动机。他们比常人具有更冷静和顽强的自我批判力，不会狂妄骄横，有的只是令常人望尘莫及的顽强生命力，可谓身残志不残，具有强烈的自强自立精神，以坚强的毅力学会求生本领，支撑自己的天空，实现自己的人生价值，为社会创造财富。大多数残障大学生非常珍惜自己进入大学校园学习的机会，对知识的渴求、对未来的憧憬，愿意追求有价值的人生，也愿为此付出多于常人几倍的努力，所以一旦遭遇挫折和失败，就会感到迷茫、痛苦和焦虑。很多残障大学生尤其看重成绩，当自己和别人哪怕只有一分的差距时，也要求老师解释清楚缘由。同时，对未来就业的不确定性也是残障大学生心理负担的主要来源，在调查中，八成以上的残障大学生都对此表达了担忧的心情，认为自身和健全大学生相比不存在就业优势，常常对未来表示担忧，普遍存在着心理负担过重的情况。

（六）人际交往和社会适应能力较弱

由于身体缺陷，残障大学生在社会交往方面容易遇到一定的困难，如沟通障碍、人际关系处理等问题。这些问题会影响他们的社会适应能力和人际交往能力。残障大学生作为大学生群体中的一部分，由于其身体条件与普通大学生存在差异，因此，在社会交往方面也存在一定的特殊性。

1. 沟通设施的特殊需求：由于身体条件的限制，残障大学生在社交场合中可能会遇到一些障碍。例如，进出社交场所的不便、沟通障碍等，这可能导致他们在社交时的需求比普通大学生更为多样，他们可能需要特殊的交通工具或设施才能参加某些活动，需要特殊的沟通方式或辅助设备才能与他人交流等。

2. 情感支持的特殊需求：残障大学生在社交过程中更容易面临来自社会的压力和偏见，因此，他们需要更多的情感支持。例如，他们可能需要得到更多的理解和鼓励，以克服自卑和羞涩等心理问题。

3. 社交模式的特殊选择：由于身体自身的限制，残障大学生的社交模式可能比普通大学生更为封闭。例如，他们可能更倾向于通过网络进行社交，或者更倾向于与同类型的残障人士进行交流等。

由此看来，残障大学生由于生理上的缺陷，在社会群体中处于弱势地位。这样就造成了他们既要照顾自己，还要在不同的场合中掩饰自己，以维护自尊；同时，他们又希望自己能得到别人真诚的关心和帮助。因此，需要更多地关注自身和希望他人关注自己，从而变得较少关注他人。对别人了解少，也就较少有利他行为和亲近社会行为，外在呈现出来的就是对待他人缺少关心。此外，对于大多数残障大学生来说，进入大学前的交往空间更多地局限于家庭、学校和那些与自身情况相同的人群，在这类环境中他们的交流比较畅通，而进入大学后与健全人进行人际交往的机会大大增多，这时，由于生理缺陷带来的沟通障碍使得交流无法顺畅进行，由此带来的自卑感使得残障大学生不再愿意参与健全人的社交活动，进而将自己封闭在有限的交流空间里，社会适应能力也难以得到提高。

（七）缺少感恩情怀，易产生逆反心理

残障大学生作为弱势群体，享受了较多的家庭和社会关爱，在大学校园中亦是如此。通过调查问卷统计，高达 97% 的普通大学生在问卷中明确表示愿意在生活中帮助残障大学生，但久而久之，残障大学生把这份关爱看作是习以为常和理所当然，逐渐形成了凡事以自我为中心的性格特点，不会关爱他人，缺乏感恩之心。一些残障大学生常常埋怨自己的悲惨遭遇，埋怨自己没有健全的身体，甚至有一些残障大学生在达不到目标时还会怨恨社会，加上社会生活中的确存在一些不公正、不公平、不公道的现象，就使得残障大学生把自己的"窘迫"从归罪于"老天"迁移到归罪于社会。一些残障大学生有时会直接表现出对所接受教育的不信任，以逆反心态来看待周围的事物，他们对老师的管理反感，对学校残障大学生思想教育反感，对学校的政治课反感，认为课程内容专挑好的说，而现实生活却没有说得那么好。他们也对所学的专业反感，认为学好学坏一个样，反正自己都是个残疾人。所以他们有时和学校、老师的要求对着干，以发泄心头的不快，这些不良想法对于残障大学生的成长极为不利。

四、残障大学生教育需求的特殊性

（一）残障大学生的学习难点

在高等教育中，残障大学生面临着多方面的挑战。这些挑战不仅来自他们的身体条件，还包括社会的偏见、缺乏资源和支持系统。以下是残障大学生在学习过程中可能面临的主要难点。

1.生理障碍影响学习效率

许多残障大学生因为身体缺陷，在学习上可能面临特殊的困难。例如，视力障碍会影响阅读和写作，听力障碍会影响听课和交流。此外，一些慢性疾病或神经系统障碍也可能影响残障大学生的学习效率和专注力。有些残障大学生可能由于学习动机不足或者过度强烈，从而影响到他们的学业效能感和学习效率。学习动机不足可能导致他们无明确的学习目标，或者产生逃避学习的心态；而学习动机过度强烈则可能导致他们在面对挑战时，会感到压力过大。同时，生理或心理上的障碍还会使残障大学生可能在记忆力和专注力方面遇到困难，这会影响他们的学习效果和生活质量。

2. 缺乏学习辅助设备与资源

尽管现在有许多辅助技术可以帮助残障大学生更好地学习，但并不是所有学校都能提供足够的资源。例如，对于视障大学生来说，会需要电子阅读器或屏幕阅读器来辅助阅读，但并非所有学校都能提供充足的相关设备。此外，一些在线课程或教材可能缺少无障碍设计，使得残障大学生无法顺利访问。不同的残障类型在个体学习特定科目时有不同的需求。例如，视觉障碍者可能需要特别设计的辅助工具才能参与到某些课程中，如特殊的教材、助教服务或其他形式的学术援助。然而，现有的残障大学生高等教育体系并没有使残障大学生的所有需求得到满足。

3. 社交压力与心理障碍

有些残障大学生在学习生活中还会面临社交压力和心理障碍，因为自身因素而感到与众不同，往往会在比较中感到自卑、孤独和焦虑，这种心理压力可能会影响他们的学习表现和心理健康。例如，残障大学生可能会因为担心被他人发现自己的缺陷而不愿意参与集体活动，在公众场合表现出害羞或紧张的态度。这种社交恐惧会进一步影响到他们的学习体验，还可能会让他们表现出社交障碍。例如，与同学和老师沟通困难，或者被其他残障大学生歧视或孤立。

4. 就业机会的不平等

就业这一话题似乎不直接与学习相关，但对于残障大学生来说，他们非常关注自身能否通过学习掌握一定的技能，最终在社会中独立谋生，所以就业也是对残障大学生学习动力产生最直接影响的重要因素之一。由于身体残疾和学历水平等原因，许多残障大学生在找工作时会遭遇歧视和不公，尽管法律要求雇主为残障人士提供平等的机会，但实际上许多残障大学生在毕业后仍然面临就业机会不平等的问题。一些雇主可能对残障人有偏见，或者认为他们无法胜任某些工作，这种歧视可能会使残障大学生在找工作时面临更大的困难。残障大学生可能会因为外界的不理解和歧视而产生自卑情结，尤其是在学习中遇到困难时，这种无力感与自卑感就会导致他们在面对挑战时丧失对学习的动力，从而影响他们的学习成果和生活满意度。

综上所述，残障大学生在学习过程中的难点不仅在于他们自身的身心障碍，还包括学校和社会提供的支持和服务是否能够满足他们的需要。为解决这些问题，高校需要投入更多的资源和重视特殊教育，不断努力推进残障大学生高等教育的发展，提供更多针对不同残障类型的个性化教学方案以及教学资源保障。与此同时，对于残障大学生在学习和就业方面面临的多种挑战，学校要与社会各部门加强联系，为残障大学生提供更多的就业保障，携手创造一个更加包容的社会环境。同时，也需要加强对残障大学生的心理支持，帮助他们克服自卑和焦虑，以便其更好地融入社会。

（二）残障大学生的学习需求

1. 适应学习环境

对于许多残障大学生来讲，适应学习环境是一个重要的挑战。他们需要对学校提供的无障碍交通设施不断熟悉，以确保自己能够方便地到达教室和其他学习场所。同时，由于他们对学习设备的特殊性和多样化的需求，比如更大的字体、更宽的课桌、更高的椅子等，使得他们对于课堂学习过程中提供的学习资源和设施，同样也需要一个适应过程。

2. 获得心理支持

由于身体的特殊情况，残障大学生在学习过程中面临的各种挑战会给他们心理上带来各种负面体验，如自卑、焦虑、抑郁等。因此，对于解决学习上的困难，他们常常需要得到心理支持，包括心理咨询、情绪疏导、压力管理等方面的帮助。这可以帮助他们建立自信，克服心理障碍，更好地应对学习生活中的挑战。

3. 相关辅助工具

为了更好地完成学习任务，残障大学生需要使用各种辅助学习工具，如盲文打印机、语音识别软件、字幕软件等。除了要提供这些基础设施外，学校还要精心准备无障碍的教材、课程资料、考试题目等，并确保它们具有足够的可读性和易用性，以保证残障大学生能够熟练使用。条件允许的情况下，学校还应尽量提供给残障大学生一些在线学习工具，提供各种电子教材和学习资料，最好可以为残障大学生提供个性化的学习计划和辅导，帮助他们更好地掌握知识和技能。

4. 便利的生活设施

在学习生活中，残障大学生需要各种便利的生活设施来确保他们的生活质量和便利性。例如，提供方便的餐饮服务、无障碍的宿舍设施、方便的交通工具等。这些设施可以让他们更顺利地开展学习，提高学习效率。

5. 增强自我效能

自我效能是指一个人对自己能够完成某项任务的信心和信念。对于残障大学生来说，增强自我效能是非常重要的。学校应该提供各种机会和资源，让他们展示自己的能力和才华，从而提高他们的自信心和学习动力。例如，学校可以组织各种残障大学生能够参与的活动和项目，让他们有机会展示自己的才华和能力。此外，学校还可以对完成学习任务和提高学习成绩的残障大学生进行适当奖励，这些措施可以增强残障大学生的自我效能，提高他们的和学习动力和成就感。

6. 丰富社交活动

社交活动是残障大学生生活中非常重要的一部分。对于残障大学生的学习来说，他们需要在社交过程中了解更多的学习信息，在与同龄人的交流和互动中寻找到更多的学习方法和价值认同。学校可以组织各种社交活动和团体，让残障大学生有机会在充满正能量的主题活动中找到学习的意义，提升学习动力。

总之，残障大学生在学习和生活中面临着诸多挑战和需求。学校和社会应该采取各种措施来支持和帮助他们，让他们能够更好地融入校园学习生活，这有助于提高残障大学生的学习效率，更好地促进残障大学生自身的全面发展。

第二节　残障大学生思想政治理论课的科学内涵

弄清与研究残障大学生思想政治理论课相关的概念，是我们进一步探讨残障大学生思想政治理论课实效性等相关问题的必要前提，由此，本节将重点梳理弄清什么是思想政治理论课、什么是残障大学生思想政治理论课以及什么是残障大学生思想政治理论课的实效性等概念。

一、大学生思想政治理论课及其实效性的概念

（一）大学生思想政治理论课

思想政治理论课作为开展大学生思想政治教育的最前沿阵地，自中华人民共和国成立后，我国在发展教育的历程中一直高度重视，且其在不同历史时期都发挥了重要的育人功能，在内容上也随着时代的变化而不断更新，大致经历了以下几个时期。

1. 中华人民共和国成立初期的思想政治理论课建设（1949—1956）

这一时期的大学生思想政治理论课经历了创建阶段。1949 年 10 月，华北高等教育委员会颁布的《各大学专科学校文法学院各系课程暂行规定》中明确把"辩证唯物论与历史唯物论""新民主主义论""政治经济学"等课程列为公共必修课，始终把加强政治课学习作为重要工作内容。1950 年 10 月，教育部附发了《关于高等学校政治课教学方针、组织与方法的几项原则》。1951 年 9 月，教育部还专门就政治课问题向华北各高校发出指示，要求各系在拟订教学计划时，应把思想政治课作为业务课的重要组成部分。1952 年 10 月，教育

部发布《关于全国高等学校马克思列宁主义、毛泽东思想课程的指示》，作出了关于不同院校开设"新民主主义论""政治经济学""辩证唯物论与历史唯物论"这几门课程的次序和具体开设其中哪几门的要求。到了1953年2月，高等教育部发出了各类高校在课程设置基础上，一律加开"马列主义基础"课的通知。同年6月，再次发出的通知决定将各高校大一年级开设的"新民主主义论"改为"中国革命史"课。

2. 社会主义建设初步探索时期的思想政治理论课建设（1956—1976）

这一时期的大学生思想政治理论课经历了初步探索和曲折发展阶段。1956年，我国完成生产资料私有制的改造，进入社会主义初级阶段，党对社会主义条件下大学生思想政治理论课的建设也进行了探索，但由于在社会主义建设初期受"左"的思想影响，思想政治理论课的开设也经历了曲折的发展过程。1957年11月，中共中央批转中央宣传部要求在高等学校设立思想政治教育相关课程的相关报告及文件。《关于设立社会主义教育课程的报告》指出，要以毛泽东《关于正确处理人民内部矛盾的问题》为中心教材，同时还指定了一些马克思主义经典著作及党的文件来作为必读。同年12月，教育部发出了原本开设的4门政治课一律停开的指示，在全国高校开设为期一年的社会主义教育课程。到了1959年，教育部作出规定，重新将高校学生必修的4门政治理论课设订为"哲学""政治经济学""科学社会主义""中共党史"。进入60年代，在当时组织农村社会主义教育运动的大背景下，思想政治教育工作的开展按照当时的多个文件，主要以在实际斗争中接受教育和锻炼，提高社会主义觉悟、进行世界观的改造为重点，因此，这一时期的思想政治理论课受到了很大影响。从1966年至1976年，受"文化大革命"的影响，我国的教育事业受到严重冲击，在批判历史学、政治经济学、教育学等背景下，大学生思想政治工作遭到了彻底否定。

3. 改革开放初期的思想政治理论课建设（1977—1989）

这一时期的大学生思想政治理论课经历了恢复重建阶段。"文革"结束后，在十一届三中全会的鼓舞下，大学生思想政治教育得到了拨乱反正，大学生思想政治理论课建设回到了正确轨道，为更好开展思想政治理论课建设，1979年教育部组织编写了包括《政治经济学教学大纲》《中国共产党历史教学大纲》等几部重要的教学大纲，并印发全国高校试用。同年11月，教育部召开高等学校马列主义理论课教材讨论会，由7个省市教育部门编写高等学校公共政治理论课通用教材，供各高校选用，之后又组织讨论，进行了教材的修订和再版。1980年7月，教育部发布了《改进和加强高等学校马列主义课的试行办法》，按其规定，全国高等学校本科全部开设"中共党史""政治经济学"和"哲学"课，文科还加开了"国际共产主义运动史"课。到了1982年，教育部两次召开高等学校思想政治工作座谈会，并在数月后发出了《关于在高等学校逐步开设共产主义思想品德课的通知》，并且在1984年进一步规定了课程任务、内容、教学原则和机构设置等。次年8月，全国各高校依据中共中央《关于改革学校思想品德和政治理论课程教学的通知》，陆续开展历史教育、马克思主义基本理论教育以及中国社会主义建设和改革的理论、政策和实际知识的教育。直到1987年11月，全国各高校依据国家教委规定，开始实施有选择地开设"法律基础""大学生思想修养""形势与政策""人生哲理"和"职业道德"5门课程的开课方案，规定各高校可作为必修课或选修课开设。至此之后，思想教育课程在高校普遍建立起来。

4.党的十三届四中全会以来的思想政治理论课建设（1989—2012）

这一时期的思想政治理论课处在稳步发展阶段。1989年，党的十三届四中全会以来，党进一步认识到大学生思想政治教育的重要作用和地位。1990年，时任总理李鹏在七届全国人大三次会议的政治工作报告中强调，必须切实纠正忽视德育的倾向，始终把坚定正确的政治方向放在首位。1992年，国家教委转发《高校思想政治教育课程教学改革与建设研讨会纪要》，将原来的"大学生思想修养"和"人生哲理"课调合为一门课程，即"思想道德修养"课。1998年，随着中共中央宣传部、教育部发布的"两课"设置方案出台，全国高校开始开设了"马克思主义哲学原理""马克思主义政治经济学原理""毛泽东思想概论""邓小平理论概论""当代世界经济与政治""思想道德修养""法律基础""形势与政策"等必修课。2005年，中央16号文件出台，中共中央宣传部、教育部颁布了《关于进一步加强和改进高等学校思想政治理论课的意见》，决定设置"马克思主义基本原理""毛泽东思想、邓小平理论和'三个代表'重要思想概论""中国近代史纲要""思想道德修养与法律基础"等四门课程。

5. 党的十八大以来的思想政治理论课建设（2012—至今）

党的十八大以来，习近平总书记多次就思想政治理论课建设和思想政治理论课教师队伍建设作出深刻阐述和重要指示。2019年3月18日，习近平总书记主持召开了新中国成立以来首次思想政治理论课教师座谈会，令全国思政课教师深受鼓舞。座谈会上，习近平总书记指出办好思想政治理论课，最根本的是要全面贯彻党的教育方针，解决好培养什么人、怎样培养人、为谁培养人这个根本问题。新时代科教兴国战略意义重大，我党明确提出教育、人才是全面建设社会主义现代化国家的基础性、战略性支撑，主动适应全面建设社会主义现代化国家对于新时代人才的需要，并与个人理想有机结合，培养自主思辨能力，提高攻坚克难、协同创新能力是发展教育的根本问题。我们党致力于中华民族千秋伟业，教育方向和教育原则问题关乎我国在迈向第二个百年奋斗目标时能否赢得历史主动，培养主动适应全面建设社会主义现代化国家的新时代人才，必须旗帜鲜明、毫不含糊。同时，习近平总书记还对思政课教师提出了"六要"和"八个相统一"的要求，指出：办好思想政治理论课关键在教师，关键在发挥教师的积极性、主动性、创造性。思政课教师，要给学生心灵埋下真善美的种子，引导学生扣好人生第一粒扣子，政治要强、情怀要深、思维要新、视野要广、自律要严、人格要正的"六要"成了思政课教师不断加强自我修养、提高教学本领的重要指南；同时，要坚持政治性和学理性相统一；坚持价值性和知识性相统一；坚持建设性和批判性相统一；坚持理论性和实践性相统一；坚持统一性和多样性相统一；坚持主导性和主体性相统一；坚持灌输性和启发性相统一；坚持显性教育和隐性教育相统一。[①]这些重要方法原则成为了思想政治理论课教师不断努力提升自我的重要法宝。学界在这一时期围绕如何开展思想政治理论课展开了大量研究，并取得了丰硕成果。根据中国知网提供的数据，这一时期有近800篇该方向的研究论文发表在50余种CSSCI刊物上。在思政课教学研究方面，像"亲和力教学方法""实践教学""针对性"等都是研究领域出现的高频词汇；与此同时，利用网络技术开展的全国性思想政治理论课的集体备课和培训增多，如"周末理论大讲堂""高校思政课骨干教师研修班"等，通过同上一堂课使全国的思政课教师能够通过学习统一思想，研究教学，也验证了党的十八大以来思想政治理论课的发展，无论是其受重视程度，还是教学研究和教学质量上都上了一个新台阶。

（二）大学生思想政治理论课"实效性"的界定

"实效"一词在《现代汉语规范词典》中的解释是"实际的效果"。"实效性"是指实践活动对照实施预期目标的实现程度，也就是与目标的契合性。思想政治理论课的实效性即通过开展思政课教学，开展对大学生人生观、价值观、世界观的塑造，引领当代大学生自觉运用马克思主义立场、观点和方法解决问题的实际效果与教学目标的契合度，契合度高则实效性强，契合度低则实效性差，追求课程实效性正是我们追问大学生思想政治理论课的目的和意义所在。当然，考量实效性的标准非常复杂，至少可以从课程内容、价值理念认同和知识的实践转化三个方面来评判。

---

① 习近平.用新时代中国特色社会主义思想铸魂育人贯彻党的教育方针落实立德树人根本任务[N].人民日报，2019-3-19（1）.

一是学生对思想政治理论课课程内容掌握的"实效性"。

当前，思想政治理论课包含的五门主课都有其不同的课程内容。"毛泽东思想和中国特色社会主义理论体系概论"这门课的主要内容是对毛泽东思想以及中国特色社会主义理论体系的科学内涵、产生形成、发展过程、科学体系、历史地位、指导意义、基本观点以及中国特色社会主义建设的路线方针政策等进行的详细阐述。"马克思主义基本原理"这门课程的主要内容是系统梳理了马克思主义的世界观和方法论，对马克思主义哲学和政治经济学以及科学社会主义三部分内容进行阐述。"思想道德修养和法律基础"这门课程偏重以马克思主义理论引导大学生树立正确的世界观、人生观、价值观、道德观和法制观，以思想教育为主要内容。"中国近代史纲要"课的讲授内容主要包括近代中国社会发展、革命发展和社会主义建设的历史进程及其内在的规律性。"习近平新时代中国特色社会主义思想"这门课程，重点阐述以习近平新时代中国特色社会主义思想的系统学习为主线，带领学生了解当下我们所处的时代、认识新时代党的理论创新成果，并引导学生理解和运用这一最新的理论成果推动党和国家事业发展。

上述课程内容的实效性考察的就是知识传授和知识接收的情况，检验方式也相对简单，即通过测试题目，尤其是客观题就能够考察学生对知识的了解和掌握情况，课程内容传授的实效性也可以得到相对有效的检验。这一层面的"实效性"在我们探讨的这几个方面中是最低层次的实效性，但它却是达到另外两个"实效性"要求的重要前提。因为无论是价值理念的认同，还是知识的实践转化，都离不开基本理论知识的掌握。

二是学生对思想政治理论课价值理念认同的"实效性"。

前面论述了知识传授和接收的"实效性"问题。事实上，进一步分析的话，还要探讨学生对知识的主动接收和被动接收问题。因为如果抛开两种不同的接收形式，单从成绩来看，主动接收的学生和被动接收的学生是可以得到大致相同成绩的，甚至还可能出现这样的情况：被动接收的学生由于认真复习，成绩好于主动接收知识的同学；但事实上，二者达到的思政课教学"实效性"却不尽相同。主动接收才能朝着知识"内化于心"的目标转换，而被动接收很难达到对输出内容的真正理解，更谈不到将正确的理念外化于行。因此，要准确把握思政课价值理论认同的教学目标，就是让学生通过学习做到真懂、真信，实现让学生主动接收知识，并真正达到课程思想引领、文化育人的理想教学目标。如"毛泽东思想和中国特色社会主义理念体系概论"课的价值目标是要通过对课程基本知识的了解，使学生知道马克思主义中国化的理论成果是马克思主义基本原理与中国实际相结合的产物，是党和人民集体智慧的结晶；通过掌握新的历史条件下马克思主义中国化的理论成果，真正了解理论的形成和发展过程，从而树立对中国特色社会主义的坚定信念，并投身于中国特色社会主义事业的建设中，坚持不懈地发展中国特色社会主义，拓展自身的政治和理论素养，从理论层面引领学生不断增强中国特色社会主义道路自信、理论自信、制度自信和文化自信。再以"马克思主义基本原理"教学的价值目标为例，它侧重的是帮助学生掌握马克思主义的相关原理，通过学习马克思主义的世界观和方法论，用科学的理论填满或消除认知的盲区、误区，树立起对马克思主义的世界观、人生观和价值观的高度认同，最终教会学生自觉运用马克思主义的基本立场、基本观点和基本方法看待问题、分析问题和解决问题，为学生确立建设有中国特色社会主义的理想信念，自觉地坚持党的基本理论、基本路线和基本纲领打下扎实的理论基础。所以上述这些价值理念认同的"实效性"，是要通过一定的科学方法和路径才能做到的，这是后面章节中我们要重点探究的问题。

三是学生对思想政治理论所学知识实践转化的"实效性"。

实现学生对思想政治理论课所学知识的实践转化，是思想政治理论课教学"实效性"中的最高层次。因此，当前思想政治理论课的五门主课都设置了实践学时，各门课程对于实践目标也有不同的侧重。比如最新开设的"习近平新时代中国特色社会主义思想概论"课的实践教学主要是引领青年大学生认识我们所处的时代、认识新时代党的理论创新、认识在创新理论指导下党和国家事业发展、一个民族要走在时代前列离不开理论思维、离不开科学理论的指引。而"毛泽东思想和中国特色社会主义理论体系概论"课的实践教学目的是在深入学习并掌握马克思主义中国化的理论成果的基础上，深刻领悟党的理论成果实际上是将马克思主义基本原理与不同时期的中国具体实际相结合的产物，在不断提升学生的理论知识素养的基础上，引导其自觉运用马克思主义理论看待、分析和解决实际问题的能力，通过培养学生理论联系实际的能力，强化学生自觉服务社会、报效国家的责任意识和实践能力，通过实践引领学生不断增强对中国特色社会主义的道路自信、理论自信、制度自信和文化自信。"马克思主义基本原理"课开展实践教学，其根本目的和任务是引导学生理论联系实际，提高学生关注社会、关注现实的能力，使学生了解国情、党情，并在社会实践活动中了解改革开放以来我国在各领域实践所取得的伟大成就，增强社会责任感，帮助学生通过社会实践加深对课堂教学中所学理论的理解，以马克思主义的世界观和方法论看待现实问题，提高学生运用理论观察分析社会现象的能力，坚定为社会主义现代化事业服务的信念。"思想道德修养与法律基础"课为鼓励同学们走向社会、适应社会，亲身了解社会改革、社会进步给人们生活、就业、社会带来的深刻变化，加深对中国特色社会主义建设、发展的理解，也为了鼓励同学们亲身践行习近平新时代中国特色社会主义思想，开展实践教学，就是希望学生在授课教师充分的安排下，通过实际调查、走访、参观实践基地等活动，在积极学习理论知识的前提下，充分思考，严谨归纳，提高认识问题、分析问题和解决问题的能力，坚定对新时代中国特色社会主义的道路自信、理论自信、制度自信和文化自信，加深对新时代中国特色社会主义道德观、法治观的认识。

二、残障大学生思想政治理论课的界定

基于上述对思想政治理论课的阐述，对残障大学生思想政治理论课的界定如下：在高等特殊院校或普通高等院校中，针对"残障大学生"这一主体开展的思想教育课程，由于教育主体是残障大学生，其课程的"实效性"也有着不同于健全大学生思政课"实效性"的内涵。

早在春秋时期，我国的大教育家孔子就曾发出"因材施教"这样的声音。对残障大学生开展特殊教育的实质就在于研究如何应对这一人群的差异性，尽可能提供适切的教育。那么，在开展残障大学生思想政治理论课教学的过程中，也要针对这一群体的特殊性来思考残障大学生的现实情况。然而，需要说明的是，当前我国高校开设的思想政治理论课教学存在着教学目标不够明确、教学内容缺少针对性以及教学原则尚未厘清的状况。因此，以下探讨了残障大学生思想政治理论课的教学目标、内容和原则。

1. 残障大学生思想政治理论课的教学目标

按照党的十九大报告中"办好特殊教育""追求教育公平"的目标，在发展高等特殊教育时就要重视教育的质量和水平，而高质量的特殊教育意味着除了要教会残障大学生基本的生活技能和专业技能外，还要注重培养其道德品质，发挥思想政治理论课的育人功能，引导残障大学生树立正确的人生观、价值观和世界观，使其拥有坚定的理想信念和健全的人格。从这一层面讲，残障大学生思想政治理论课的教学目标和健全大学生的教学目标是一致的，但实现这一目标的路径却因残障大学生自身的差异性而有着很大差异，这就需要我们在开展思想政治理论课教育过程中，针对这一特殊群体展开深入研究，提升教学的实效性，朝着教学目标不断深化教学改革，这也是作者写作的初衷。

2. 残障大学生思想政治理论课的教学原则

在残障大学生思想政治理论课的开展过程中，要遵循一切从残障大学生实际情况出发的原则，考虑残障大学生思想政治理论课应由"谁来讲""讲什

么""怎么讲""怎么评",由此至少要做到以下四个"相对接"。

一是教师基本技能与残障大学生的身心需要相对接。残障大学生由于存在着听力、视力或肢体各方面的障碍,对于顺畅沟通的技能要求也各不相同。听力障碍的残障大学生需要教师在教学时能够熟练使用手语;视力障碍的残障大学生需要教师熟识盲文。而对当下现实状况来讲,开展思想政治理论课教学的教师大多是从健全大学生的思政课教师中抽取的,他们经过短暂的培训就开始授课。以听障大学生的思想政治理论课为例,多数时候由听力状况相对较好的同学作为手语翻译,这造成了多数思想政治理论课教师不能顺畅表达课程的思想内容,或减缓表达的进度等状况存在,因而在一定程度上与残障大学生存在着沟通不畅的情况,这势必会影响课程教学的实效性。此外,教育过程还要结合残障大学生心理特点开展有效教学,这就需要教师具备一定的心理学理论基础,将残障大学生的心理研究作为必要的技能掌握。当然,实现教师基本技能与残障大学生身心特点的对接原则,也需要有坚实的保障体系作为基础。如培训的保障、教室容量、设施的保障等都起着关键作用,因而在第四章我们就这一问题进行了专门探讨。

二是教学内容要与残障大学生的理论基础相对接。残障大学生思想政治理论课教学内容的确定,一方面要考虑与教学目标的匹配程度;另一方面应充分考虑残障大学生的理论基础的实际情况,做好教学内容的准确对接,当前普遍采用简单套用健全大学生思想政治理论课教材的方法并不可取。在教学中,要探究如何在达到教学目标的宗旨下,考虑残障大学生思想政治理论课直面的两大实际问题,一是马克思主义理论基础相对薄弱;二是思想政治理论课学时有限。在这样的现有条件下,整合当前健全大学生使用的马克思主义理论研究和建设工程重点教材,形成残障大学生思想政治理论课的专用教材、讲义。一般来讲,残障大学生的理论基础较健全大学生明显薄弱,在基础教育阶段与健全学生接受的教育无论是从内容上,还是从难易程度上,均有着明显差异,这就造成了残障大学生在理论基础方面存在着普遍薄弱的情况。从因材施教的角度，这意味着需要构建起适合残障大学生思想政治理论课的内容体系，以残障大学生普遍能够接受的知识难度授课，较健全大学生的授课内容要少一些理论、原理，或是将一些基本原理能够转化为简单易懂的道理，并在教学过程中反复推敲、琢磨和改进，形成真正适合残障大学生的思想政治理论课教学内容，让残障大学生在内容中能够找到与自我困惑的共鸣，找到普遍关切的解答，做到在教材或讲授内容上不会让残障大学生感到望而却步，才是残障大学生思想政治理论课应有的内容。

三是讲授方式要与残障大学生的现实需要相对接。这一原则事实上与健全大学生思想政治理论课的要求一致，以生为本，调查讲授对象的实际需要才能有改革的思路和具体方法，才能找到提升教学实效性的匹配钥匙。通过对当前高校残障大学生的思想政治理论课开展现状的调研，发现灌输式教学还是教学的主要的手段，这种单向输出的教学方式，对于存在着不同程度残疾的大学生来说，接收的效果不尽相同，并且总体效果不够理想，枯燥、单调、难以理解成了大多残障大学生对于思想政治理论课的固有印象，在很大程度上影响了教学实效性，因而探究更新残障大学生思想政治理论课教学方法，开展针对残障大学生思想政治教育教学改革迫在眉睫。但目前学界对于这一问题探讨的成果非常匮乏，在中国知网上搜索"听障大学生思政课"这一关键词，仅有10篇文章，而搜索"思政课教学改革"这一关键词，有5237篇文章、194篇学位论文。由此可见，目前主要研究集中在健全大学生思想政治理论课的改革方式，需要更多的残障大学生思想政治理论课教师积极探索、形成合力。

四是考核方式要与残障大学生的实际相对接。考核是检验学习成果的有效方式之一。对于残障大学生来讲，依照思想政治理论课的教学目标，用适合的考核方式检验残障大学生的学习成效，也是课程建设中的重要一环。当前大多数学校的考核方式对于听障大学生仍是传统的笔试，有的在内容的难易程度上做了相应调整，降低了试题难度，大体上与健全大学生并无差异。对于视障大学生来说主要是口试，尽管是按生理特点进行了考虑，但往往流于形式，能否达到思政课的教学目标还有待商榷。根据残障大学生的实际情况，积极探索多环节考核，探究平时成绩、测试成绩和实践环节如何通过合理的考核方式进行科学的检验，都是值得深入探索和研究的课题。

第三节　残障大学生思想政治理论课开设的现实意义

残障大学生思想政治理论课作为残障人士高等教育的重要组成部分之一，是一门具有重要意义的必修课程。它是残障大学生将来顺利融入社会、实现自身价值的基础保障，同时，对于不断推进我国教育公平、促进社会进步，为新征程中实现第二个百年奋斗目标提供人才支撑，也具有重大的现实意义。

一、新征程中实现第二个百年奋斗目标的重要保障

党的十九大报告中强调要加强思想道德建设。人民有信仰，国家有力量，民族有希望。要提高人民思想觉悟、道德水准、文明素养，提高全社会文明程度。作为高校思政工作者，要在党代会精神指引下，深入贯彻全国高校思政教育工作会议精神，做好学生的人生导师。残障大学生思想政治工作作为高校思想政治工作和党的思想政治工作的重要内容，必须"因事而化、因时而进、因势而新"，满怀爱心和激情，开拓进取，求真务实，为推进高等教育事业发展、推进残障人事业发展、实现中华民族伟大复兴中国梦作出积极贡献。正如习近平总书记指出的那样，教育就是要培养担当民族复兴大任的时代新人，教育是对中华民族伟大复兴具有决定性意义的事业，建设教育强国是中华民族伟大复兴的基础工程。必须把教育事业放在优先位置，深化教育改革，加快教育现代化，办好人民满意的教育。

当前，我们在统筹"两个大局"中推进我们的现代化事业，全面建成小康社会的第一个百年奋斗目标已经实现，当下我们正朝着第二个百年奋斗目标迈进，把握"世界百年未有之大变局"和"中华民族伟大复兴的战略全局"，充分认识到"百年未有之大变局"为"实现中华民族伟大复兴的战略全局"提供了新的历史机会和挑战，而"实现中华民族伟大复兴的战略全局"本身又是"世界百年未有之大变化局"中最突出、最根本的变化，充分把握当前的战略机遇，全方面为实现中华民族伟大复兴的战略全局作好准备，在未来30年的时间里，奋战在教育战线中为社会培养年轻一代、输送合格人材、创造美好生活，是历史赋予我们的责任。残障人高等教育作为教育的重要组成部分，同样肩负着为实现现代化强国目标输送合格人材的重任。将残障大学生塑造为有坚定理想信念、拥护共产党领导、拥护社会主义制度、堪当民族复兴重任的时代新人，是思想政治理论课必须要发挥的重要功能。

二、有助于提升残障大学生的思想道德素养

思想政治理论课是帮助大学生树立正确世界观、人生观、价值观的重要途径，体现了社会主义大学的本质要求，残障大学生是我国大学生群体中的一部分，在残障大学生思想政治教育中，要充分发挥大学五门主要思想政治理论课的理论教育功能，用马克思主义理论，尤其是中国特色社会主义理论体系武装残障大学生的头脑，提高残障大学生的思想政治素质，促进残障大学生全面发展。

对大学生而言，课堂教学类的载体是最重要的载体，学校的一切课堂教学都要渗透大学生思想政治教育，即德育工作，每个教师都要树立人人都是德育工作者的意识。当前，研究热度较高的课程思政就是要发挥这样的功能，保持与思政课程同向同行，发挥全员育人职责，广大教师要以不断加强师德师风建设，以自身高尚的人格、品行发挥言传身教、率先垂范的效应。因为对于残障大学生而言，他们更善于从视觉、行动的角度观察世界、感悟道理，由此，在

开展思想政治教育的过程中，要善于以潜移默化的方式将教育内容融入其学习体系中，使其在各个环节中都植入思想政治教育资源，不断引导残障大学生提高政治觉悟和道德修养。

教育本身是关注并培养人的活动，其中重要的使命之一就是要引领人学会正确地思考，正确地看待问题和解决问题，不断提升自身的道德素养。残障大学生个体在成长过程中，由于身体缺陷更易于与外界形成阻隔，陷在自己的世界里，对一些问题形成自以为是但并不正确的认知。比如，在现实中有这样的残障大学生，在他的成长过程中，分不清"拿"和"窃"的分别，认为别人的东西是可以随便取走的。由此可见，这一群体更需要格外关注，若不能及时培养其关于真、善、美的信念和价值判断能力，那么有些残障大学生或者会有偏执、仇恨、敌意等破坏性因子，这不仅不利于残障大学生自身的成长，也会影响社会的稳定和谐。因此，关注残障大学生的思想道德状况，尤其要关注其尚已形成的界观、人生观和价值观，并研究其对行为方式产生的直接影响，就要善于从残障大学生身心特点切入，剖析其思想道德状况，逐渐引导学生学会用马克思主义的立场、观点和方法看待问题和解决问题，这需要教师利用思想政治理念课这一重要的育人渠道灌溉残障大学生的精神家园，通过外在的教育主体的影响性、导向性作用，塑造残障大学生的健康人格。

三、有助于实现教育公平，实现人的全面发展

人类进入文明社会以来，就一直探讨和追求社会发展的更高形态。马克思认为，共产主义社会作为人类社会的最高形态，是每一个人全面而自由的发展为基本原则的社会形式。《共产党宣言》指出：代替那存在着阶级和阶级对立的资产阶级旧社会的，将是这样一个联合体，在那里，每个人的自由发展是一切人的自由发展的条件。在共产主义社会中，能够实现每个人的自由而全面的发展，这里的全面发展，具体表现在心理智力、道德品质、体能体质等均得到全面发展，也包括人的潜能的充分发挥，其外在表现是人的个性、能力以及社

会关系都能得到全面发展。它包括五个方面：一，人的各种能力的发展；二，人的自由个性的发展；三，社会关系的丰富和发展；四，人的主体性的全面发展；五，个人价值的实现。

同时也要看到，实现人的自由而全面发展的前提和根本条件，就是生产力的巨大增长，而人又是生产力中最活跃的因素，因此，充分调动人的积极性，挖掘、发展和展示人的智慧，才能为社会主义现代化建设输送源源不断的可持续发展动力。发展残障大学生教育事业，重视残障大学生的思想状况，是我们培养高素质人材，实现教育日益公平、社会不断进步的重要标志。因为马克思所说共产主义社会中实现每个人的自由而全面发展，当然也包括残障人群体，对这一群体的素质的不断提升，正是对社会进步和发展的有效验证。例如，我国刚刚进入社会主义初级阶段，各方面的制度还不完善、不成熟，对于教育的发展也处于探索阶段，教育公平问题还未得到全面重视，改革开放以来，邓小平同志强调物质文明和精神文明要"两个文明"一起抓，我们日益关注全民素质的提高，逐渐有学校开始招收残障大学生，开启了实现教育公平的新篇章；随着社会的不断发展，我国政治、经济、文化发展都有了长足进步，构建和谐社会、追求人的全面发展都成为全社会努力的方向。党的十八大以来，残疾人高等教育事业取得了前所未有的成就，越来越多的残障大学生走进了大学校门，接受高等教育，这说明了我们的社会正在进步，在不断推进教育公平，未来，残障人高等教育将会得到进一步发展，开展残障大学生思想政治教育提升其道路水平，引导学生依靠道德自律实现素质的提升，让道德变成自律的一种风尚，转化为内在的行为动力，促进道德建设迅速发展，促进教育体系不断完善，也是我们推进文化强国的重要一步，在本世纪中叶建成社会主义现代化强国时，国民素质的提升会作为国家软实力中一项重要的衡量指标达到到全新的高度。由此，开展残障大学生思想政治教育会有助于实现教育公平，实现人的全面发展。

第二章　残障大学生思想政治理论课实效性分析

本章通过对残障大学生思想政治理论课教学实效性现状进行探究，认为当前残障大学生思想政治教育处在套用普通高校思想政治教育范式的阶段，存在着内容远离现实、教学效果不佳、考核方式陈旧和师资有待提升等影响教学实效性的突出问题，究其主要原因，除了重视程度不够、研究资料匮乏、教改力度不够、保障体系不健全等，还由于它处于思想政治教育和特殊教育的交叉领域，因而给实际的教学开展带来全新的研究课题，这也成为提升残障大学生思想政治理论课的问题切入点。

第一节　残障大学生思想政治理论课教学实效性现状

残障大学生的思想政治教育是我国大学生思想政治教育的重要组成部分，但残障大学生思想政治教育又不能完全套用普通高校思想政治教育的范式。由于它处于思想政治教育和特殊教育的交叉领域，给实际的教学开展带来全新的研究课题，在研究过程中至少有以下三个方面的特殊性需要引起重视：一是教育对象由于自身的生理缺陷而产生的心理和道德认知相对健全大学生有较大不同，这需要在教学准备环节开展相关调研，并给出适合于残障大学生易于接受的课程导入方案，在整个授课过程中要有校正认知偏差的任务贯穿其中；二是教学方法的特殊性，相对于普通大学生授课时观点的言为心声和直接表达，残障大学生的授课过程还要借助于特殊工具和手段，比如手语、盲文、肢体、文字等方式的交叉使用；三是授课内容的特殊性，相较于健全大学生，残障大学生的授课内容需要大幅缩减教材内容的现实困境，基于教材对残障大学生偏难和内容偏多的现实，需要对授课内容进行特殊选取和加工。由此可见，残障大学生思想政治教育的开展有大量的教学探索与改革任务需要完成，而现阶段，残障大学生思想政治教育尚未引起高度重视，思政课教学存着实效性不强的突出表现，具体来说，体现在以下几个方面。

一、内容远离现实

教育家朱永新说，学校道德教育的一个重要问题就目标定位问题，即在每个阶段让学生必须掌握什么样的道德规范和准则，应该科学合理地设置循序渐进的德育目标，形成层次递进、不断完善的德育目标体系[①]。结合当下我国高等院校思想政治理论课的开设情况，这段话尤其要引起我们的反思，高等教育阶段的残障大学生要掌握什么样的道德规范和准则，该设置何种循序渐进的德育目标，事实上要与健全大学生的德育教育按现实情况差异化进行。

就当前的残障大学生思想政治理论课现实状况来看，还存在着以下内容远离现实的情况。从教学内容准备看，当前残障大学生思想政治理论课缺乏针对残障大学生专门编写的教材，使用的国家统编教材虽然体系严谨，但内容上学术性较强，离残障大学生的现实生活体验较远。此外，在内容上还存在着与学生理论基础不相符的情况，理解起来比较困难，容易使残障大学生在情感上产生抵触心理。基于这一现实，一要积极推动相关部门牵头组织，加强校际交流合作，探讨编写适合残障大学生的思政课教材。二要积极推动专题教学，结合残障大学生的实际知识水平和教学目标设计教学内容。在课堂教学环节，要在

---

① 朱永新.我的教育理想[M].桂林：漓江出版社，2014：9.

教学情境上下功夫，以残障生亲身经历或目睹的事实为素材引起他们强烈的认同感。也可以将残障生的日常生活片断用摄像机摄下来，在课堂上播放给他们观看，让残障生在忍俊不禁的同时，判断自己的道德行为是否符合道德规范。此外，要注重实践教学的重要作用，苏联著名教育家苏霍姆林斯基强调："道德准则，只有当它们被学生自己去追求，获得和体验过的时候；只有当它们变成学生独立的个人信念的时候，才能成为学习的精神财富。"[①] 因此，可结合教学内容开展丰富的实践活动，利用当地的非物质文化遗产、红色景点等教育资源，引导大学生在实践中形成认知和感悟，再回到课堂中进行讨论、辩论，促进其语言表达、逻辑思维能力的提升，最终推出结论。在考核环节，可采用综合、多元、发展性评价和学业评价等多种方式使考核贯穿于整个学习过程[②]，最终成绩可由平时课堂讨论、辩论及回答问题的表现、社会实践的参与环节和最后的期末考试综合构成，以更加灵活的方式引领学生成为思政课堂运用的"主角"。

二、教学效果不佳

关于残障大学生对当前思想政治理论课的满意程度状况，有多位学者从多角度作了调研。庞凌霄（2018）通过对 280 多名残障大学生所做的问卷调查进行统计分析，发现残障大学生对思政课的总体评价偏低。对于思政课教学效果不佳的问题，他们认为要通过加强教师培训、优化教学内容的方法来改变这一状况。刘建平，张海丛等人（2010）通过对 162 名残障大学生的调查问卷进行分析研究，还发现专业背景的差异带给不同残障大学生的认知不同，也出现了对思想政治课重要性认识不同等问题，并给出对策建议。张睿（2019）则从个

---

① 曹文泽 . 让思想政治理论课充满活力——在价值引领中增强大学生获得感 [N]. 人民报，2017-10-13（7）.

② 丁勇 . 新时代我国特殊教育发展面临的新形势与新任务 [J]. 现代特殊教育，2018（2）：5.

体、社会和学校三个方面分析了影响高职残障学生思政课学习倦怠的因素，认为在学校这一因素中，存在着课程设置的价值冲突、课程内容的匹配度不高，授课方式陈旧，评价机制不合理，教师工作积极性不够，幸福指数偏低等现实原因，导致残障大学生对本门课程的学习产生倦怠。通过这些研究可以看出，当前残障大学生对思政课的认同度不高。

残障大学生对思想政治理论课认同度不高的原因，可以归结为教学工艺不精这一主要原因，当然教学工艺不精还包括来自内部的教学过程和外部保障条件的双重影响。从教学过程来看，受沟通交流障碍影响，一方面，多数残障大学生的思想政治理论课以课堂讲授理论知识为主，相较于健全大学生思想政治理论课课堂，教学模式和教学手段都比较单一，主要依靠教师、学生助手和文字将理论知识进行语言的转换，缺乏创新性和多样性。这使得课堂氛围沉闷，不够顺畅的思想交流容易使残障大学生产生负担，难以激发残障大学生的兴趣；另一方面，由于缺乏无障碍教学设施，在许多高校中，针对残障大学生的教学设施配备不足，如盲文书籍、字幕软件等。这使得残障大学生在学习过程中面临诸多不便，影响学习效果。沟通困难必然导致教师不容易了解学生的想法和困惑，单纯按照自己的授课理念和思路讲授，有时会脱离学生的实际需求，造成供需之间的不平衡。久而久之，残障大学生对思想政治理论课形成枯燥、乏味和单调的印象，教学效果难以保证。从外部保障条件来看，由于授课班级班额无法保证小班授课，教师也常常陷于难以全面顾及的困扰；大班授课情况下，互动受限，也会在一定程度上影响残障大学生思想政治理论课的教学实效。

三、考核方式陈旧

目前，大部分残障大学生思想政治理论课的考核方式与健全大学生类似，主要包括平时表现、作业和考试三个部分。考试也采用笔试方式，题目难度上较健全大学生低，视障大学生由于视觉障碍一般进行口试考试，题目也比较简单。上述这些传统的考试容易使考核流于形式，并不能真正考察残障大学生的思想状况和实际的理论掌握水平，因此要以贴合残障大学生思想政治教育的现实情况，精心策划、认真考虑，探索新的考核方式，可采用综合、多元、发展性评价和学业评价等多种方式使考核贯穿于整个学习过程[①]，最终成绩可由平时课堂讨论、辩论、回答问题的表现、社会实践的参与环节和最后的期末考试综合构成，以更加灵活的方式引领学生成为思政课堂运用的"主角"。

四、师资有待提升

目前，残障大学生思想政治教育师资队伍建设严重不足，就主要表现为缺乏上述多种必备技能于一身的教师，因此，亟待加强残障大学生思想政治理论课教师相关技能的培训，提升师资队伍的质量。具体来说，由于残障大学生思想政治教育工作不能完全套用普通大学生的教育范式，处于思想政治教育和特殊教育的交叉领域，至少可以从三个方面加强对教学任务特殊性的认知：一是残障大学生因为生理缺陷在心理、道德认知等方面与普通大学生有很大的差异性；二是教育手段具有特殊性，需要借助手语、盲文等教育介体，要求教师不断学习，精通这些特殊介体，与此同时，还要在实际教学中逐渐认清自己掌握的熟练程度；三是针对不同残障类别的学生，教育内容、内容的结构权重、内容的深度广度都要有所区别，正所谓因材施教，要在做好调查研究工作的基础上形成经验总结。以上三点对教育主体提出了特殊的素质要求，残障大学生思想政治教育教师需要更多地了解学生的身心特殊性，进行个性化研究，全方面掌握各种必要的技能。

（一）掌握基本沟通技能

当前，普通高校特殊教育学院的残障大学生思想政治理论课的教师大多数是由健全大学生思想政治理论课的教师担任的，他们一般会在授课前接受短期

---

① 丁勇. 新时代我国特殊教育发展面临的新形势与新任务 [J]. 现代特殊教育，2018（2）：5.

的培训后上岗。以教授听障大学生思想政治理论课的教师为例，教师需要接受手语技能培训，手语是一种最容易接受的沟通方式，残障大学生从小就使用该种方式。而高等教育阶段的大学教师多为专业学科教师，上岗前往往经过短期培训，自主练习一段时间后就会走上讲台，仅仅能用简单的手语进行交流，对于思想政治教育过程中复杂的语言表达需求很难应付。这样不单单对师生之间交流沟通的质量带来影响，也对有效开展思想政治教育工作带来制约，在讲授课程的过程中会感到明显的手语不够熟练对教学带来的沟通不畅。这种情况下，教师一般会较多地使用文字呈现要表达的教学内容，同时会在授课班级寻找到听力相对较好的学生，请学生帮忙翻译，形成二次转化，从而造成教学进度缓慢，教学效果不够理想。

（二）具备心理学和特殊教育学知识

与此同时，由于残障大学生的身心特点与健全大学生存在着差异性，这要求思想政治理论课教师花费一定的精力，钻研心理学和特殊教育的相关知识，结合授课对象认真研究其身心特点，找到残障大学生思想中的敏感点、关注点，在授课内容准备过程中能够找准切入点，形成符合学生心理期待或有着普遍困惑的问题设计，激发学生对思想政治理论课的兴趣，改变残障大学生对于以往思政课的固有印象。打破枯燥、乏味的刻板认知，就必须重视在思想政治理论课中结合教学内容，在传授理论知识的同时，在心理层面对其进行心理疏导，才能形成有效的认同引导。一个好的心理疏导，能切实地解决残障大学生的心理问题，培养他们的自信心，并在潜移默化中接受思想政治教育。由于身体残障问题造成的心理问题，是残障大学生最突出的特点。所以，必须加强对思想教育人员的技能培训，丰富他们的心理学知识，让他们能够深入研究心理学和教育学，并在教学实践中，运用科学的理论知识指引，通过不断提升自身的教育教学水平和专业的心理疏导能力，提高教学的实效性，在现实中担负起学生精神家园的构建者重任。

（三）拥有良好的职业操守和坚定的信仰

做好残障大学生思想政治教育工作，需要付出比健全大学生思想政治工作更多的艰辛与努力，也需要教师付出更多的爱心和耐心，这需要拥有良好的职业操守和对教育事业无比坚定的信仰，热爱教学，关爱学生，具备共情的能力，并且能够引导残障大学生提升自身的共情能力，是增强残障大学生思想政治理论课实效性的必备条件，如果大学生不懂得共情，不善于与他人友好相处，则会影响日常的人际关系，导致他们经常会因为一些琐事和同学产生矛盾。所以，教师要真心融入学生当中，有意识地培养残障大学生的共情意识，引导学生学会换位思考，能设身处地为别人考虑，提升学生的综合素养，能将共情意识向共情行为转化。

很多残障大学生都终生不能自理和康复，作为思想政治理论课教师，应该用正确的价值观和人生观去引领他们，要用信仰的力量，将他们前行的路照亮，要用足够的爱心和耐心，温暖他们的心房，以切实解决残障大学生的心理问题，使其向善发展。"使人至善"是素质教育的最高境界，在今天的教育理论中仍占据一席之地，但能够"使残障大学至善"是需要教师首先具备"善心""善念"，并且拥有一颗"恒心"，坚守并持续发扬以善的教育为核心的理念，引导残障大学生的全面、健康发展。

（四）扎实的理论功底和创新教学的能力

不断学习和充电是教师职业生涯中永恒的必修课，只有通过不断学习，补充和更新知识，才能使教育之花开出美丽的姿态，结出丰硕的果实。扎实的基本功是教师讲好课最关键的前提，好比最优秀的厨师要想做出美味的佳肴，永远也离不开优质的食材一样，有了扎实的功底，才能谈到创新教学，才能在统领学科、教材内容的基础上，科学合理地整合教学资源，选取加工出适合教学对象的内容，并在此基础上运用恰当的教学手段，呈现出一门高水平的"金课"。对于讲授残障大学生思想政治理论课的教师来说，更是要求教师有扎实的理论功底，站在纵观全局的视野把握残障大学生思政课的教学开展，抓住思想政治理论课育人功能的主旨，将残障大学生人格健全、道德完善作为首要目标，善用丰富的教育资源、各种教育场景，使之转化为适合残障大学生思想政治理论的教学内容，开展富有教育机智的思想政治理论课教育。这才是残障大学生思想政治理论课创新教学，提升实效性追求的目的。

第二节　残障大学生思想政治理论课实效性不强的影响因素

我国的高等特殊教育事业起步较晚，全国范围内招收残障大学生的高校数量不多，因而残障大学生的总人数在大学生总数中占比较小。从重视程度上来说，对残障大学生思想政治教育工作的重视程度与健全大学生还有一定的差距。从发展特殊教育的理念上看，目前，高校更加偏重残障大学生的生理功能恢复，对其思想状况和心理状况的关注度相对较低，因此，在教育理念上存在着一定的偏差。从教育理论层面来看，我国特殊教育事业在发展过程中更多的是借鉴了国外的研究成果，而缺少马克思主义理论与中国特殊教育事业实际相结合的研究，在这一领域的理论探索还要随着特殊教育事业的不断发展与实践逐步深化。上述这些问题都是影响残障大学生思想政治理论课实效性的客观因素。在这样的大环境下，要通过科学严谨深入的理论研究去获得对特殊教育发展规律性的认识，否则教育教学就只能在低水平上徘徊。接下来，主要就残障大学生思想政治理论课实效性不强的影响因素进行更为细致的分析。

一、重视程度不够

（一）对残障大学生个性化学习需求重视不够

残障大学生教育是一个与普通教育并行的教育领域，它旨在满足那些存在学习障碍、身体或智力残疾的残障大学生的特殊需求。这样的教育领域被称为特殊教育，特殊教育的目标是为残障大学生提供他们所需的支持和机会，以提高他们的生活质量和学习能力。特殊教育的历史可以追溯到 19 世纪，当时社会对残障人士的态度远比现在复杂。残障人士往往被边缘化，被认为是社会的负担。然而，随着时间的推移，人们开始意识到每个人都有权利接受教育，无论他们的能力如何，这就是特殊教育概念的原始认识。在特殊教育领域，最常见的残障类型包括自闭症、听力障碍、视力障碍、智力障碍和身体残疾。每种残障类型都有不同的教育策略和方法，以满足残障大学生的需求并促进他们的学习和发展。

尽管特殊教育在很大程度上改善了残障大学生的生活，但仍存在挑战和改进的空间，其中一个挑战，就是当前针对残障大学生的特殊教育资源仍然有限，导致许多残障大学生无法获得所需的支持和服务。如果对这些因素重视不够，就很难开展个别化教育计划。在特殊教育中，个别化教育计划是一个重要概念。个别化教育计划是为每个残障大学生制订的教育计划，旨在解决他们的特殊需求和目标。这个计划是由残障大学生、家长、教师和其他专业人士共同制订的，并定期评估和调整。计划制订过程中，特殊教育教师起着关键作用。由于他们接受过专门的培训，了解与各种残障类型相合适的教学方法，并且具备跨学科的知识，通过与其他专业人士合作，能够为残障大学生提供全面支持。此外，特殊教育的目标之一是促进残障学生的社交和情感发展。对于许多残障大学生来说，社交能力和情感交流是他们面临的重要挑战，特殊教育教师通过组织群体活动、角色扮演和沟通技巧训练等方法，帮助残障大学生建立和维持良好的人际关系。除了学校教育，特殊教育还涉及社区和家庭的合作。通过与家长和社区合作，特殊教育教师能够更好地了解残障大学生的特殊需求，并确保他们在学校外的环境中得到支持。

综上所述，残障大学生在教育需求上存在个体的特殊性。为了确保他们能够高质量地接受高等教育，学校需要重视这些需求，包括提供适当的设施、制定个性化的学习方案、灵活的学习方式、心理支持和就业指导等。通过这些措施，我们可以更好地支持残障大学生，让他们在高等教育中获得收货和成长。在思想政治教育理论课方面，我们同样需要研究具有针对性的教育方法和教学内容，以满足残障大学生的特殊需求。这需要思想政治理念课的相关工作者重视残障大学生的特殊需求，为他们提供个性化的教育支持。

（二）对顶层设计的落实程度不够

从顶层设计来看，无论是对思想政治理论课的重视程度，还是对残疾人教育的重视程度，中国特色社会主义进入新时代以来，都达到了前所未有的高度。首先，党对思想政治理论课的建设高度重视。2019 年 3 月 18 日，习近平总书记主持召开了新中国成立以来首次思想政治理论课教师座谈会，而且，教育部在国家教育事业发展"十四五"规划中明确要求全面贯彻落实党的教育方针，把立德树人作为检验学校一切工作的根本标准，努力构建德智体美劳全面培养的教育体系，为党育人、为国育才，培养社会主义建设者和接班人。此外，《中华人民共和国残疾人保障法》第二十三条规定，对残障人教育要根据残障人的身心特性和需要，在对其进行思想教育、文化教育的同时，加强身心补偿和职业教育。所以从顶层设计视角来看，不论是国家对教育事业的宏观规划设计，还是国家对残障人士的制度保障，都给与了高度的重视，都将思想政治教育摆在至关重要的位置。

但当我们回归现实，会发现由于我国高等特殊教育事业在 20 世纪 80 年代才开始起步，发展到今天，虽然取得了一定的成绩，但由于从总体上来看，高等院校中开设特殊教育的院校数量并不多，在具体落实残障大学生公共课教学方面，还存在着经验不足、重视程度不够的情况。因此，残障大学生思想政治理论课的建设并未引起高度重视，在实际工作中存在较大偏差。

（三）心理健康教育的重视程度不够

1. 相关教师心理知识水平有待提高

就当前高校的普遍情况来看，大学心理咨询中心的咨询工作一般不面对残障大学生，对残障大学生的心理健康关注主要集中在做一些心理测量和问卷调查上，其主要原因是心理咨询的老师与残障大学生之间存在着面对面沟通障碍。例如，面对听障生不懂手语、面对盲障生不懂盲文等，这些情况都需要翻译老师，而心理咨询工作需要直接沟通方能产生最佳效果，因此，高校心理咨询的相关教师要学习相应的技能，增强与残障大学生的交流能力；另一方面，工作对象为残障大学生的专业课教师，大多只掌握其对应的专业知识，而缺乏一些心理健康的基本知识，因此，残障大学生的授课教师要学习相应的心理知识，保持对学生心理问题的敏感性，以便能够及时发现问题并解决问题。

2. 相关的心理健康课程体系不健全

当前高校残障大学生心理健康的直接关注者是班主任和辅导员，而关注的普遍方式局限于建立起来的残障大学生档案，包括在学生管理工作中建立残疾大学生心理咨询档案，通过该档案了解残障大学生的基本情况并分析问题和处理问题。一般来说，这是残障大学生心理健康教育的表层工作，或者说是由外因而开展的相关工作。但我们知道，要从根源上解决残障大学生的心理问题，根本还在于通过内因起决定性作用，在于通过残障大学生自身克服或消除不正常的心理状态，与之对应的有效而直接的教育方法便是开设残障大学生心理健康教育的相关课程，让残障大学生充分了解自身在心理和生理方面的变化过程，消除自身因身体缺陷而产生的孤独感和厌世感，这不仅有利于对残障大学生心理状况的掌握，还方便及时与残障大学生进行思想沟通，在课程中了解他们的所思所想、所忧所喜，引导其找出不良心理产生或变化的主要原因，给予有效的沟通和疏导。

3. 缺乏与正常大学生心理交流的组织活动

渴望被尊重，渴望与他人交流是残障大学生的普遍特点，他们普遍希望处理好与他人的人际交往，特别是和健全人的沟通，这是他们体会并认同自身真正融入社会的重要环节。而对于健全大学生来说，与残障大学生互动，能体验残障生的日常生活，了解残障生在生活中的困难，向残障生学习他们的长处，消除对残障生的偏见，在帮助他们的同时感受助人的快乐，提升自我价值，从而达到助人自助的目的。因此从这一角度来看，相关部门可以组织开展残障大学生与健全大学生之间的交流活动，尤其是大学心理部的同学可以率先进行体验，通过掌握的心理知识与残障大学生开展 1+1 结对子、交朋友、手拉手等互助活动，让双方在交流中不断了解对方，打开心灵，帮助残障大学生及时发现和解决存在的心理问题。

基于上述分析，我们认为，开展残障大学生的思想政治教育工作重在如何开展心理健康教育，在实施心理健康教育的过程中，既要从共性角度出发，研究残障大学生与普通大学生所具有的共性，又要从个性角度出发，探究残障大学生自身的实际特点，综合比照分析，采取为其量身定制的方案开展对其行之有效的思想政治教育。

二、研究资料匮乏

（一）残疾残大学生思想政治课的相关研究匮乏

著者在搜集和整理残障大学生思想政治理论课相关资料时，发现了两点值得关注的问题：一是对残障大学生思想政治理论课教学效果的相关研究大多是在近几年产生的，研究还处于起步和自发阶段，这也是现有研究成果较少的原因之一。尽管学者从不同角度进行论述，为本研究提供了一些理论资料，但还缺乏提升残障大学生思想政治理论课教学效果的系统性研究，这也是本书着重需要解决的问题。二是已有的研究成果都局限为论文形式，还缺少研究报告、教学课件、教学案例等实践成果。当前残障大学生思政课教学中急需的相关教学参考书也十分匮乏，导致教师在教学内容上大多采用普通大学生的思政课教材进行自我选取内容教学，因而丧失了针对性，缺少了有效开展思想政治教育的基本前提准备。

与上述困境相比，学界对于残障大学生思想政治教育方面的研究论文相对丰富，说明不少学者已经对这一问题产生了关注和研究兴趣。对残障大学生思想政治教育的综合性研究代表是宋志强博士，其他研究可大体分三种角度：一是对残障大学生思想政治教育的现状与对策研究，如林海燕（2018）认为当前残障大学生思想政治教育在队伍建设、理论研究、外部环境等几个方面都面临困境，应从师资队伍建设、理论研究的支持、创新理念与方法等方面解决；二是对残障大学生思想政治教育的研究意义展开探讨，如苗雪（2014）着重从有利于社会的和谐稳定、残障大学生的全面健康发展和有效保障残障大学生的合法权益三个方面分析了加强普通高校残障大学生思想政治教育的重要性；三是将残障大学生思想政治教育与就业等主题关联进行分析，如韩园园（2018）等主要探讨思想政治教育视域下残障大学生就业问题存在的内部和外部原因，并给出相应的对策选择。

（二）残障残大学生思想政治教育的系统性研究资料匮乏

尽管学界对残障残大学生思想政治教育产出了部分论文成果，但不得不面对的现实情况是目前我国对这一问题进行系统性研究的并不多。以"残障大学生思想政治教育"为关键词在中国知网的学术文献网络出版总库中检索，仅仅搜索到 22 条记录，表明目前我国对残障大学生的思想政治教育的相关研究较匮乏。从研究时间上看，2011 年以来的文献数占 88.24%，其中期刊全文数据库 22 条，优秀硕士学位论文 12 条，2016 年最多，为 6 篇，另外 1 篇是 2009年宋志强的博士论文。可以直观地看到，国内近年来才对残障大学生思想政治教育进行探究。从层次分类上看，约有 16 篇归属为基础理论研究，占总体数量的 47.06%，有 8 篇归属为政策性阐发研究，占总体数量的 23.53%，行业指导性研究 4 篇，约占比 11.76%，其余为残障大学生非思想政治教育方面内容。从学科上看，马克思主义理论与思想政治教育共 19 篇，占 55.88%，其余大多数来自特殊教育。总体来看，所有相关研究均处于初始阶段，成果研究主题较为统一，说明学者聚集的研究方向较为一致，细分的小类主要以残障人高等教育、"人本特教"及残障大学生心理健康状况这几大方面进行。具体研究中，不同学者开始形成个人见解，但总体的被引频次不高。

关于"残障人高等教育"的研究大致分为三类：一是着眼于残障人高等教育的教学改革方法，如宗占国、庄树范在《创建中国特色的残疾人高等教育》一文中提出，残障人高等教育须着眼于教学方法的改进，使用与残障大学生相匹配的教学方法，将理论研究放入课堂进行实践考证，从而不断提高教学水平；二是着眼于残障人高等教育的法律制度保障，如刘贤伟在《"全纳教育"呼唤中国完善特殊教育政策和教育立法》一文中认为，现行政策尚不完善，需要吸收和借鉴国外有关特殊教育的法规政策，结合本国国情，制定出具有可行性及效力性的法律条文，明确提出我国特殊教育的内容、阶段性目标等；三是强调全纳教育理念，如赵向东在《北京高等教育中的残疾学生》一文中认为，对待残障人高等教育，我们应该大力弘扬全纳教育的新观念，扩大招生专业，扩宽残障生的学习领域。普通高校的教师要了解残障生和特殊教育及相关领域的知识，普通高校应提供学习支持服务。

关于"人本特教"的研究状况。"人本特教"是对人的重视的一种教育理念，它强调进行特殊教育的时候，教师一定要对学生进行人文关怀，做到以学生为本，多替学生着想，课堂教学的组织方式要考虑到学生的具体情况。研究过程中学者们着重从以下三个层面入手：一是就"人本特教"的重要意义展开探讨，如张冲在《以人为本，树立中国大特殊教育新理念》一文中认为"人本特教"既是对历史思想的延续，又是对现有先进思想的体现，它反映出了以人为本思想的内涵，强调残障者享有同其他人一样的受教育权。将中国特教与世界特教进行接轨，树立全新的教育理念，同时，我们又看到了"人本特教"的广阔前景。二是从"人体特教"的保障角度进行研究，如武红军、吴惠祥、唐忠辉在《"人本特教"背景下残疾人高等教育法律保障的思考》一文中认为，

"人本特教"要求完善残障人高等教育的保障体系，从立法、执法、司法三方面入手，保证法律有效地实施，使残障大学生受教育的各项权利得以保障。三是以"人本特教"理念为基础深化改革的角度思考，如丁勇在《从"人本特教"看高等特殊教育的新形势、新要求、新突破、新发展》一文中认为，在高等特殊教育过程中，要注重质量的提高，改革现有体制中存在的不足，不断深化发展。

关于残障学生心理健康状况的研究现状，一是以调查为基础分析当前残障大学生的心理状况，如张晓丽等人在《残障大学生 163 名心理健康状况比较分析》（2010）一文中对某高校一至五年级 163 名残障大学生作为研究组，以残障大学生同期入校的 172 名普通大学生作为对照组进行症状自评量表（SCL-90）测试，系统分析比较其心理状态。二是就残障大学生心理问题产生的原因展开研究，如张海丛在《听觉障碍大学生焦虑状况及其应对方式的研究》一文中提出，听觉障碍大学生的焦虑心理多源于对学习、就业及人际交往的压力，针对这一状况，社会、学校及家庭应该对听障大学生多给予关注。三是针对高校残障大学生心理健康教育展开的有效途径进行研究，如本人在《高校残障大学生心理健康教育开展的有效途径》一文中，从高校相关教师心理知识水平的提升、课程体系的建设、校园文化的建设等方面对残障大学生心理健康教育展开探讨。

三、教改力度不够

当前，学界对残障大学生思想政治理论课教学改革的研究较少，在理论教学方面，姜宏。于双英在《问题与路径：提高听障大学生思政课教学实践性的思考》一文中对如何提高听障大学生思政课实效性问题进行探讨。刘春颖（2018）从线上线下混合教学的视角，分析了基于 MOOC 对残障大学生思政课教学改革的必要性和可行性，建议按精准化原则、知识资源模块原则和共建共享原则，对教学资源进行整合，构建适应时代和适合残障学生的新型教学模式。徐颖（2014）认为，当前听障大学生德育教育的实效性不强，尚且达不到预期教学目标，提出开设"课中课""口语加手语"的双语教学和多媒体教学的建议。在实践教学方面，颜睿在（2018）认为，要从残障大学生在生理、语言、社交和文化上的独特性出发考虑，创新思政课实践教学模式，可以通过发挥"红色文化"育人功能、组建"微群课堂"、以网络专题讨论实现全员参与和拍摄微电影等实践方式，探索开展残障大学生思政课的实践教学形式。

关于残障大学生思想政治课课程改革的研究状况也不容乐观，通过多方查找，仅有几位学者在这方面有相关分析。张睿和杨海宁（2019）认为，分析、研究、探索、尝试适合不同残障类学生的思政课有效教学方法是破迫在眉睫的问题，要通过残障大学生思政课分类教学，让残障生居于整个教学活动的主体地位，思政课教师要根据受教育者的个体或群体特点，创造适合其特点的学习环境，构造适合其需求的学习模式，使受教育者在学习知识的前提下感受到被尊重和满足，从而充分调动受教育者学习的积极性和主动性，由此建议打造听力障碍学生的"多彩课堂"、视力障碍学生的"聆语课堂"、肢体障碍学生的"心扉课堂"。

四、保障体系不健全

（一）残障人高等教育制度保障欠缺

当前，残障人高等教育制度保障欠缺，以黑龙江省为例。第一，黑龙江省残障人高等教育的法律法规不完善。随着残障人高等教育在教育事业发展中发挥的作用愈加受到重视，黑龙江省也颁布了相关文件。如：2011 年 10 月实施的《黑龙江省残疾人保障条例》；2017 年 1 月，黑龙江省人民政府印发的《黑龙江省"十三五"加快残疾人小康进程规划的通知》。这些原则性的条例及通知为黑龙江省残障人高等教育事业发展提供了重要制度依据，但其中条款规定的内容并不明确，在对残障高等教育的总体指导和管理存在着明显欠缺，相关制度体系构建较慢，缺少相关制度、政策，法规的明确细则作为保障黑龙江残障人高等教育发展的制度背景，也造成了操作性较差的局面。

第二，黑龙江省对残障人高等教育的投入还需加大。纵观整体，黑龙江省在残障人高等教育经费方面的支出处于较低水平，使得黑龙江省残障人高等教育事业发展经费缺口较大，教育数量与质量的矛盾较为突出。近些年来，随着疫情的出现，教育信息化的要求不断提升，在线教学方法上要求不断地进行改革创新，我省开展残障人高等教育的成本不断提高。同时，黑龙江省对残障人高等教育经费投入的增长速递不能满足其需求，导致黑龙江省与国内高校相比在残障人高等教育方面的还存在一定的差距，使相关重要工作发展迟缓，阻碍了黑龙江省残障人教育水平的提升。

（二）残障人高等教育师资力量薄弱

第一，近些年来，随着黑龙江省残障人高等教育事业的蓬勃发展，越来越多的残障人士接受高等教育。截至 2019 年年底，绥化学院特殊教育学院 2017 级在校听障生 67 人、2018 级在校听障生 80 人、2019 级在校听障生 80 人，这必然要求教师队伍上的壮大。黑龙江省残障人高等教育起步较晚，与国内其他同类高校的师资力量相比还存在着明显的差距。现有的教师队伍无法满足残障人进入高校学习的需求。随着我省残障人高等教育事业的发展，越来越多残障人渴望接受高水平的教育，以获得更好地融入社会的素质和技能。但目前，以绥化学院为例，在融合与合作视角下的教学模式，现在采取的师资方式通常是从传统专业课的教师来给残障学生上课。这些残障人教育从业教师大多数接受过校内短期的手语技能培训，少数接受过校际长期专业的手语技能学习，这就使教师在教学过程中，由于专业课需要手语技能的水平较高，与自身现状存在一定差距，在授课时会造成知识表达与接受的不完全性，使残障学生学习效果受到影响。

第二，黑龙江省残疾人高等教育教师队伍还存在着整体结构不合理的问题。以绥化学院为例，特殊教育学院现有教职工 24 人，专任教师 19 人，其中教授 4 人、副教授 1 人，聘请学校其他部门 80 名教师承担听障学生教学任务。目前，面临着高职称教师比例较低，教师职称结构有待调整、涉及课程专业教师急缺的现状，与此同时，博士学历教师数量少，学历结构亟待提升；面临中青年教师在教师队伍总数上比例偏高，年龄结构需要改变的问题。这些问题既不利于残疾人高等教师教学质量的保障，也不利于学科建设和科研水平的发展。这些情况对应要求高校教师队伍提高高等职称的教师比例，提高教师的学历水平，让更多有经验的中壮年教师进入这支队伍，以解决教师队伍的整体结构不合理问题。因此，如何尽快培养出一批高质量、高素养的残疾人高等教育教师是当前面临的一项重要挑战。

（三）残障人高等教育教学服务体系不足

第一，残障人高等教育教学服务意识不足。目前，黑龙江残障人高等教育主要是在普通高校里设置残障人专业学科，而在高校，传统的教学管理模式是以教务处、教学质量评建中心，教学院系为主体的部门联合起来，在把教学管理工作看作行政性管理工作的基础上，按照上级教育部门和学校文件所规定的条例进行日常教学管理。虽然这些部门能够有序地进行学籍、教材、课程、考务等方面的管理，但是针对残障大学生需求为焦点的教学质量的深入剖析还很欠缺，特别是缺乏对残障大学生的教学针对性，对以残障大学生为主体的教学本质的深入研究不足，使其一直被定位为被管理者处于从属地位，这种管理意识的主导显示出教学服务意识淡漠，也导致了残障大学生提升受教育质量的学校制度亟待加强。

第二，残障大学生信息化建设教学服务滞后。尽管当前高校教学服务信息化建设明显呈现出快速发展的趋势，但残障大学生教学信息化建设明显没有跟上现代社会信息技术的快速发展的步伐，还存在着明显不足。随着数字化教学的更新和改革，互联网、大数据、虚拟现实等技术在教育领域有了广泛应用。但慕课、翻转课堂、微课等新教学模式在残障人高等教育教学上的建设和应用还很少。而这些信息化的教学模式对于残障大学生来说，更能有效地补充他们因生理原因而导致的学习困境。这些都需要高校在信息化建设方面迎接新的要求和挑战，解放思想，开拓创新，加快残障人高等教育信息化教学建设方面的步伐。

综合本节所分析的上述影响残障大学生思想政治理论课实效性的各种因素，在此可以粗略地给出以下对策。

一是完善教材体系：教育部门和高校应加大对残障大学生思想政治理论课教材的研发力度，组织专家编写符合残障大学生实际需求的教材。同时，应注重教材的视觉、听觉等方面的设计，以满足不同残障大学生的需求。

二是创新教学方法：教师应积极探索适合残障大学生的教学方法，如情境教学、案例教学等，以提高残障大学生的学习兴趣和参与度。此外，应充分利用信息技术手段，如在线课程、无障碍多媒体资源等，以丰富教学手段。

三是加强无障碍教学设施建设：高校应加大对无障碍教学设施的投入，建立完善的无障碍教学环境。例如，提供盲文书籍、字幕软件等辅助工具，以确保残障大学生能够顺利参与教学活动。同时，应定期对无障碍设施进行检查和维护，确保其正常运行。

四是提高教师素质：加强对教师的培训和指导，提高教师对残障大学生的教学能力和关注度。教师应尊重残障大学生的特殊需求，关注残障大学生的学习困难，提供有针对性的指导和帮助。通过与残障大学生的互动和交流，建立良好的师生关系，营造和谐的学习氛围。

五是关注个性化需求：由于每个残障大学生的情况不同，教师在教学过程中应关注残障大学生的个性化需求。通过了解残障大学生的实际情况和学习特点，制订个性化的教学计划和方案。例如，针对盲障生可以多采用口头讲解的方式；针对听障生可以多采用手势和肢体语言进行交流；对于智力障碍的残障大学生可以简化教学内容，并采用更直观的教学方法。通过个性化的教学方案满足不同残障大学生的需求，提高教学效果。

六是建立评估机制：为确保教学效果和质量，应建立有效的评估机制。通过定期的课堂测试、作业提交等方式对残障大学生的知识掌握情况进行评估。同时，教师应关注残障大学生的反馈和意见，及时调整教学策略和方法以适应残障大学生的需求。对于教学效果不佳的情况应进行深入分析，并采取改进措施以提高教学质量。

七是促进社会参与和支持：提高残障大学生的思想政治理论课实效性需要全社会的共同参与和支持。政府、高校和社会组织应加强合作与交流，加大对残障大学生的关注和投入力度。通过提供奖学金、实习机会和社会实践等资源促进残障大学生的全面发展。同时，应积极倡导社会各界关注和支持残障教育的发展，提高教学效果的对策研究不仅需要高校和教师的努力还离不开政府、社会和家庭的支持和参与。政府应加大对残障大学生教育的投入力度，制定相关政策鼓励高校开展有针对性的教学改革，并为残障大学生提供更多的就业机会和社会参与平台。社会应营造友善包容的环境消除对残障大学生的歧视与偏见，提供更多平等的机会和资源让他们能够充分发挥自己的潜力和才能。家庭应给予残障大学生更多的关爱与支持，培养他们的自信心和独立性，鼓励他们勇敢面对挑战，实现个人价值。通过全社会的共同努力为残障大学生创造一个更加平等、包容和发展的环境，提高他们的思想政治理论课实效性，为他们的成长和发展奠定坚实基础。

第三章 提升残障大学生思想政治理论课实效性的策略

本章重点分析提升残障大学生思想政治理论课实效性的策略。教学贵在得法，教学方法一定程度上会成为影响教育实效性的关键性因素。本章从找准残障大学生思想政治教育的切入点、创新残障大学生思想政治理论课教育教学模式、更新残障大学生思想政治教育教学理念、重视残障大学生的心理健康教育、推动残障大学生课程与思政课程同向同行五个方面深入探究，以提升残障大学生思想政治理论课实效性。

第一节 找准残障大学生思想政治教育的切入点

残障大学生思想政治理论课作为开展残障大学生思想政治教育的重要载体，是开展残障大学生思想政治教育的重要内容，关系着残障大学生的全面发展，关系着特殊教育事业的发展，因此，开展残障大学生思想政治理论课，要深刻认识到残障大学生思想政治教育工作的全局，认识到残障大学生思想政治教育的开展背景是新时代，对象是"残障大学生"，重点是育，载体是课。

一、认清残障大学生思想政治教育的背景是"新时代"

1. "新时代"背景下的机遇

国务院原总理李克强强调:"全面建成小康社会,不能让残障人掉队。要让残障人的生活更加殷实、更有尊严。"(来源:中国政府网《李克强:让残疾人生活更加殷实更有尊严》)通过教育促进自身全面发展,是为自己追求美好生活赋权增能的良好途径,残障大学生思想政治教育作为强化内驱力的有效手段,一方面直接关系着残障大学生人格的塑造与培养问题,关系着能否将其自身成长与国家和民族命运联结在一起的问题;另一方面还关系着我们在社会主义初级阶段能否进一步推进教育公平,解决教育发展中不平衡、不充分的现实问题,关系着残障大学生能否和全国人民平等共享全面小康和现代化美好生活的问题。因此,把握好"新时代"带给特殊教育事业发展的大好机遇,积极开展残障大学生思想政治教育工作,无论是对新时代和谐社会的建设,还是对实现"两个百年"的重大目标,都具有重大而深远的意义。

2. "新时代"背景下的挑战

机遇与挑战永远并存,因此,也要充分关注新时代残障人高等教育,尤其是思想政治教育面临的困境与挑战。我国残障人高等教育起步于20世纪80年代中期,自山东滨州医学院创办残障人临床医学系开始专门招收肢残学生为起点,中国残障人高等教育发展至今仅有40多年的历史。由于起步较晚,加上残障大学生人数在大学生总人数中占比较小,因此残障大学生的思想政治教育工作受到的重视程度还不够,残障大学生思想政治教育工作成为残障人高等教育事业中的短板。尤其是其发展不平衡不充分的问题较为突出,在理论层面:残障人高等教育过多地借鉴国外研究,而国外学者又恰恰缺少运用马克思主义的相关理论对残障大学生精神层面进行研究的内容,因此,我国系统研究残障大学生思想政治教育的文献十分匮乏,在教育中大多是套用普通大学生的思想政治教育范式,缺乏针对性,因而研究无法有效展开。从现实层面看:招收残疾本科生的高校数量不多,以黑龙江省为例,现仅有绥化学院一所高校面向全国招收听障本科大学生,实行单独考试、单独录取、免收学费政策,其残障大学生思想政治教育工作还处于起步和摸索阶段,迫切需要相关指导,积极和国内其他此类高校开展学习交流活动。在师资建设层面,长期缺乏具有专业知识水平和思想政治素质双高的教师队伍,不少普通教师在缺少专业培训的情况下,难以针对残障大学生这一群体的实际情况展开教育工作。

在这种情况下,如何面向新时代,与时俱进地推动中国残障人思想政治教育的发展,成为残障人高等教育领域的一个时代课题。因此,在新时代背景下开展残障大学生思想政治教育工作,既要抓住新时代带给这项工作的良好机遇,又要以当前残障大学生思想政治教育工作中存在的矛盾问题为抓手,积极开展同行间的交流学习,合力推动残障大学生思想政治教育理论与实践体系的构建,探索残障大学生思想政治教育开展的有效方法。

二、认清思想教育的对象是"残障大学生"

残障大学生思想政治工作开展的对象是活生生的人,而这些人又因其身体存在着某些缺陷而成为一个特殊现实的的群体,这给高校思想政治工作带来了一定难度,但也为我们开展残障大学生思想政治教育工作明确了切入点。思想政治工作的本质和目的就是通过提升人的精神世界来促进人的全面发展,本身就是一项使人不断得以完善的复杂工作[①]。可以说,残障大学生思想政治教育中存在的问题主要源于残障大学生与其他群体间的差异性,抓住残障大学生的这些身心特点,同时根据不同个体自身的具体情况进行区别对待,所谓共性决定事物的基本性质,个性揭示事物之间的差异性,共性寓于个性之中,个性又受共性的制约,处理好共性与个性之间的关系,进而探究不同个体的差异性,才能努力塑造每一个个体的和谐人格,从而有效地展开工作。

---

① 马克思,恩格斯.马克思恩格斯文集[M].北京:人民出版社,2009:320.

三、认清思想教育的重点是"育"

残障大学生思想政治教育的重点在"育",即用思想去育化,去培育,使其在掌握安身立命的基本生存技能的同时,用信仰和道德的力量构建起支撑人生理想的精神支柱。用思想育化残障大学生是整个思想政治教育工作的重中之重。马克思曾说过:"思想本身根本不能实现什么东西,思想要得到实现,就要有使用实践力量的人。"[①]这里的"思想要得到实现",就是"育化"的过程,而"实践力量的'人'"体现在残障大学生思想政治教育中,指的是一支优秀的、能够有效开展思想政治教育的教师队伍,在高校全员育人的大背景下,这支队伍最骨干的力量来自思想政治理论课教师、辅导员及专业课教师,除此之外,"实践力量的'人'"还指向那些来自家庭、社会等方面的配合力量。

1. 育化的主体力量

首先,对于教师这一开展思想政治教育工作的主体力量来说,要"育化"他人,必须要有先受教育的理念,方能提升对受教者的思想引导能力。这除了在入岗前要进行系统的专业培训外,在整个职业生涯中也要形成一个长效机制,经常通过培训不断提升专业水平,给自身充电,从而形成开展思想政治教育工作的几大必备技能:一是通过培训练好手语、盲文等基本技能。以手语为例,这是残障大学生从小就使用,且最易于接受的沟通方式,而高等教育阶段的大学教师多为专业学科教师,大多只是通过短期培训会运用简单的手语进行交流,难以应付思想政治教育过程中复杂的语言表达需求,因此,影响着师生之间交流沟通的质量,也影响着思想政治教育工作的有效开展,这要求思想政治教育教师必须苦练手语基本功,更要以生为师、以生为本,不断学习他们的语言;二是要具备教育学、心理学等相关学科深厚的理论功底以及与本专业相关的知识,只有用正确科学的理论指引实践,才能在现实中担负起学生精神家园的构建者和引路人的责任;三

---

① 马克思,恩格斯. 马克思恩格斯文集[M]. 北京:人民出版社,2009:320.

是要有坚定信仰与职业操守，这是做思想政治教育工作不同于其他教学工作的特点所在，面对很多终生不能康复，终生不能生活自理的残障大学生，要用信仰的力量为残障大学生点亮理想的灯、照亮前行的路，这需要教育工作者用正确的人生观和价值观引领残疾大学生的思想，付出加倍的耐心和爱心做好思想政治教育工作。

2. 育化的协作力量

其次，要形成"育化"的协作局面，残障大学生思想政治教育工作的开展需要来自社会和家庭的通力配合，只有这样，才能切实增强残障大学生思想政治教育的实效性。

（1）社会方面

实现与社会的教育互动。这需要政府充分发挥主导作用，多渠道宣传"平等、参与、共享"的现代文明社会残障人观，从思想观念上为残障大学生思想政治教育的开展打开突破口。同时，在残障大学生最关切的就业问题上要给于帮助，积极搭配校企合作平台，创造条件为残障大学生建立实践基地、提供就业岗位，更要为积极创业的残障大学生提供政策保障。此外，鉴于目前很多民众尚不了解残障人高等教育的发展情况，当前学术界的研究重点又大都集中于青少年思想教育，对残障大学生的思想政治教育的重视程度不高，相关的研究资料也极度匮乏，因此，需要社会主流媒体应加大对残障大学生这一特殊群体的宣传力度，尤其是对优秀残障大学生的典型事迹加大报道力度，引起全社会的重视，增强教育的感染力与说服力，强化残障大学生的价值意识。[①]

（2）家庭方面

实现与家庭的教育互动。首先需要确立畅通有效的沟通机制。在残障大学生入校初期开展相关培训，使家长认清家校合作的重要性，组织建立家长学校沟通

---

① 陈南南 . 残障大学生思想政治教育探析 [J]. 学理论，2013（1）：259-260.

机制，定期开展培训交流活动，随时与家长沟通交流，熟悉彼此的教育教学方法和理念，提升在教育方法上的有效配合；还可成立家长委员会交流群，及时交流教育心得，共同培养残障大学生自主、自立、自强的精神和健全的道德人格。最后，在每学期期中、期末时学校将残障大学生的在校表现形成书面材料，寄到家长邮箱，与家长形成互动。

四、认清思想教育的载体是"课"

课堂是开展残障大学生思想政治教育的重要阵地，尤其是思政课因承载着立德树人的重要使命，成了残障大学生思想政治教育的主阵地，因此，思想政治理论课教师如何站好讲台，从残障大学生的实际需求和困惑出发，找准残障大学生关心的热点、难点和兴奋点，是与残障大学生在在思想层面能够有效沟通的关键。习近平总书记曾强调指出，提升思想政治教育亲和力和针对性，满足学生成长发展需求和期待，是新形势下提高高校思想政治工作实效性的关键[①]。因此，课堂作为开展残障大学生思想政治教育的重要载体，首先要在残障大学生的实际需求上下功夫，从课堂教学的内容准备、方法设计到教学过程，再到考核方式都要贴合残障大学生思想政治教育的现实情况，精心策划、认真考虑。

1.教学内容的具体把握

从教学内容准备看，当前残障大学生思想政治理论课缺乏针对残障大学生专门编写的教材，使用的国家统编教材虽然体系严谨，但内容上学术性较强，离残障大学生的现实生活体验较远，理解起来比较困难，容易使残障大学生在情感上产生抵触心理。基于这一现实，一要积极推动相关部门牵头组织，加强校际交流合作，探讨编写适合残障大学生的思政课教材。二要积极推动专题教学，结合残障大学生的实际知识水平和教学目标设计教学内容。在课堂教学环节，要在教学情境上下功夫，以残障生亲身经历或目睹的事实为素材引起其强烈的认同感。也

---

① 曹文泽.让思想政治理论课充满活力——在价值引领中增强大学生获得感[N].人民日报，2017-10-13（7）.

可将残障生的日常生活片断用摄像机录下来，在课堂上播放给他们观看，让残障生判断自己的道德行为是否符合道德规范。此外，要注重实践教学的重要作用，苏联著名教育家苏霍姆林斯基强调："道德准则被学生自己去追求，获得和体验过的时候，变成学生独立的个人信念的时候，才能成为学习的精神财富。"[①]因此，可结合教学内容开展丰富的实践活动，利用当地的非物质文化遗产、红色景点等教育资源，引导残障大学生在实践中形成认知和感悟，再回到课堂中进行讨论、辩论，促进其语言表达、逻辑思维能力的提升，最终推出结论。在考核环节，可采用综合、多元、发展性评价和学业评价等多种方式使考核贯穿于整个学习过程[②]，最终成绩可由平时课堂讨论、辩论及回答问题的表现、社会实践的参与环节和最后的期末考试综合构成，以更加灵活的方式引领学生成为思政课堂运用的"主角"。

2. 教学手段的灵活运用

与此同时，要注意残障大学生的关注点在哪儿，兴趣点在哪儿，我们的思想政治教育工作就要开展到哪儿，除思政课堂这一开展思想政治教育的主渠道外，还要大力推进包括专业课在内的其他课程的"课程思政"建设，形成"双轮驱动"的全员育人局面。挖掘每门课中蕴含的思想政治教育素材，把知识传授、价值引领和能力培养结合起来。以专业课为例，可在传授专业知识的过程中，就残障大学生最关心的就业问题，引导残障大学生在未来从业过程中诚实守信、爱国敬业，发扬工匠精神和创新精神。同时，要结合教学实际不断推进课程改革，优化教学效果，尤其要结合新媒体技术的不断发展和残障大学生对电子产品的日益依赖，去抢占"互联网＋特殊教育"的信息化高地，加快信息技术、辅助技术与课程的

---

　　①　曹文泽.让思想政治理论课充满活力——在价值引领中增强大学生获得感[N].人民日报，2017-10-13（7）.

　　②　丁勇.新时代我国特殊教育发展面临的新形势与新任务[J].现代特殊教育，2018（2）：5-9.

深度融合，可以开设微信公众号、QQ交流群等，运用新媒体及时回应学生问题关切，更活、更快、更好地传递教学信息，提高教学的有效性。

第二节　残障大学生思想政治理论课的教材选择与设计

残障大学生思政课教学中现存的一个主要问题就是没有国家统一推出的单独教材，而当前与健全大学生共用教材存在着一个较为突出的问题，就是教学内容与实际需求脱节。具体来说，共用的思想政治理论课教材内容对残障大学生来讲过于抽象，也与残障大学生的实际生活和学习需求存在较大差距，这导致残障大学生在学习过程中难以理解课程内容，缺乏学习动力和兴趣。因此，本节主要介绍教材在教学过程中的作用和影响，以及教材选择对教学质量和效果的重要性。讨论教材对残障大学生学习的影响，包括知识传递、思维培养和能力提升等方面。强调教材选择对教师教学的指导和支持作用，以及对残障大学生的学习动力和兴趣的影响。

一、教材对教学的影响

残障大学生思想政治理论课的教材对学习效果具有重要影响。合适的教材能够满足残障大学生的学习需求，提高其学习兴趣，促进知识的理解和吸收。教材的难易程度和内容编排也会影响残障大学生的学习效果。首先，选用适合残障大学生认知水平和学习需求的教材，能够更好地引导残障大学生理解课程内容，提高其学习积极性。其次，教材的选择也会影响教学内容的深度和广度。合适的教材能够涵盖丰富的思想政治理论知识，有助于学生全面理解相关概念和理论，培养正确的思想政治观念。最后，教材的选择还关系到学生的学习兴趣和参与度。生动有趣的教材能够吸引学生的注意力，激发其学习兴趣，提高其课堂参与度，并最终有利于教学效果的提升。而现有的教材无论是在视觉上，还是听觉上，其设计均未充分考虑残障大学生的特殊需求，在一定程度上影响了残障大学生的学习效果，也导致不少思想政治理论课教师在教学过程中需要根据残障大学生的实际情况自行调整教学内容，甚至重新编写教材以保证教学质量。综上可得出，教材是教学的基础，对于残障大学生思想政治理论课来说，教材的质量和适应性对教学效果具有至关重要的作用，教材的选择是否合理直接关系到残障大学生思想政治理论课的实效性，必须认真对待。

二、选择教材的原则和方法

1. 教材选择的原则

一是教材选择的总原则是既要符合教学目标，又要充分考虑残障大学生的特殊性。

在选择教材时，要看整本教材是否在总体上综合考虑了残障大学生的认知、理解和学习能力，注重实用性和可操作性，尽量使其符合学生的认知水平和学习需求，内容易于理解和接受，应当注重简明易懂、图文并茂，避免过于复杂或抽象的内容，以便学生更好地理解和吸收知识。例如，对于视觉障碍的残障大学生，教材应该提供足够的文本和图片信息，以便他们通过触摸和听觉来获取信息。对于肢体残疾的残障大学生，教材的设计应该便于他们翻阅和使用。

同时，围绕思想政治理论课的育人功能，在教材内容的选择上还要综合以下几点要素进行考量。

（1）心理特点的考量

在教材内容上，要充分考虑残障大学生的心理特点，尊重其人格和权利，运用适当的语言组织内容，帮助他们克服心理障碍，增强其自信心，培养他们积极向上的心态。

（2）适应社会的考量

残障大学生在融入社会的过程中面临着诸多困难和挑战。在教材内容的选择上，需要涵盖引导残障大学生正确认识自己、认识社会的内容，帮助残障大学生增强社会适应能力，培养其良好的人际关系和团队协作精神，鼓励他们积极参加社会活动，为社会作出贡献。

（3）自我认同的考量

自我认同是个人心理健康的重要基础。在选择教材内容时，我们需要关注残障大学生的自我认同问题，引导他们正确认识自己的身体和心理特点，树立自信心和自尊心，培养积极向上的心态和自我实现的能力。

（4）道德功能的考量

道德教育是高校思想政治教育的重要组成部分。对于残障大学生来说，道德教育尤为重要。我们需要在选择教材内容时，注意引导他们树立正确的道德观念，培养他们良好的道德品质和行为习惯，鼓励他们积极参与公益事业和社会志愿服务，为社会发展贡献自己的力量。

（5）法制观念的考量

法制观念是现代社会公民的基本素质。在思想政治理论课的教材内容上，需要有加强残障大学生的法制观念教育的内容，引导他们树立正确的法律意识和法治观念，增强其法律素养和自我保护能力，引导他们自觉遵守法律法规和社会公共秩序。

（6）职业规划的考量

职业规划对于残障大学生的未来发展至关重要。在教材中，需要涵盖帮助残障大学生树立正确的职业观念和职业理想的内容，培养其良好的职业素养和职业技能，提高其就业竞争力，为未来的职业发展打下坚实的基础。

（7）社会实践的考量

社会实践是高校思想政治教育的重要形式之一。对于残障大学生来讲，社会实践尤为重要。要鼓励他们积极参与社会实践活动，通过实践锻炼自己的能力和素质，增强社会责任感和公民意识，从而为社会作出贡献，因此，我们需要在教材中设计与之相关的知识要点。

（8）家庭教育的考量

家庭教育是个人成长的重要基础。对于残障大学生来说，家庭教育尤为重要。在教材的内容上，我们需要引导残障大学生正确认识与家庭和谐共处的意义和作用，培养他们营造良好的家庭关系和家庭氛围，提高家庭生活的质量。

（9）抗挫折能力的考量

在思想政治理论课中，帮助学生学会积极面对未来的挑战和困难，培养其创新精神和实践能力，也是一项十分重要的内容，它可以为残障大学生的未来发展打下坚实的基础。同时，教材内容也需要关注残障大学生的特殊需求和困难，为他们提供有针对性的支持和帮助。

一是内容呈现的形式也需要多样化，以满足不同残障大学生的学习需求。例如，可以采用图文并茂的方式呈现教学内容，以便有视觉障碍的残障大学生能更好地理解。同时，也可以采用音频、视频等形式来呈现教学内容，以满足听觉障碍残障大学生的学习需求。

二是教材应当具有权威性。教材是教学的基本，这要求教材内容必须科学、严谨，确保所提供的信息和观点是准确可靠的，这有助于残障大学生建立起对思想政治理论课的信任感和认同感，从而提高他们的学习效果。同时，教材的内容要做到能够涵盖思想政治理论的基本知识和重要观点，有利于学生形成系统的思想政治理论知识体系，这意味着教材的选择还应当考虑到时代性，能够与时俱进，反映当代思想政治理论的最新发展和成果，同时能够帮助学生将理论知识与实际生活和工作相结合。

三是教材的内容要有生动性。思想政治理论课本身具有理论性强、易产生枯燥感的特点，因此，残障大学生思想政治理论课教材的设计要充分结合残障大学生的学习特点，要能够引起学生的兴趣和好奇心，激发他们的求知欲。因此，在编写教材时，可以适当结合多媒体等现代化手段，提供形象生动的教学内容，以激发学生的学习兴趣，提升其学习热情和参与互动效果。

四是教材应当具有实用性，能够帮助残障大学生解决实际问题，提升他们的社会适应能力和生活技能。因此，在内容的编写上，应当考虑贴近社会现实，关注时事热点，引导学生思考和探讨与自身生活息息相关的思想政治问题，培养他们的社会责任感和参与意识。教材内容应当具有一定的实用性，能够与学生的实际生活相结合，帮助他们建立正确的思想政治观念。

2. 教材选择的方法

合适的教材对提升思想政治理论课的教学效果具有积极的作用，因此，掌握正确的教材选择方法十分必要。

一是应当注重教材的系统性和逻辑性。合理组织教学内容，使之既有层次感又有连贯性，便于学生理解和记忆。这要求残障大学生思想政治理论课的教材设计应充分考虑残障大学生的特殊需求，用连贯的逻辑、系统的编排帮助残障大学生更好地理解课程内容。

二是应当注重教材的启发性和互动性。教材的编写应注重运用贴近生活且生动有趣的案例，引导学生主动思考和参与讨论，以提高残障大学生的学习兴趣和参与度，培养学生的批判性思维和创新能力。此外，教材设计还应当注重多样性和包容性，充分考虑学生的个体差异和多元需求，采用多种教学手段和资源，满足不同学生的学习方式和兴趣特点。

三是要注重教材的实践性和可操作性。残障大学生思想政治理论课教材体系向教学体系转化不是简单的教学内容变化，而是一个多元素介入的综合过程，包括设置与培养方案相契合的教学目标，编排与教学目标契合的教学内容，提供与残障学生相匹配的教学方法，设计与残障大学生认知水平相适应的考核方式等多个方面。由此，教材应当注重理论与实践相结合，为了更好地实现人才培训目标，高校教材在编写时需要充分考虑残障大学生的特点，注重实践性和操作性。引导残障大学生将所学的思想政治理论知识运用到实际生活和社会实践中。

提升教材实践性和操作性的具体措施有以下几个方面。

（1）丰富教材内容：教材内容要包含引导残障大学生顺利融入社会的相关实践内容。残障大学生最终会在毕业后融入社会，成为社会的一员，思想政治理论课的教材注重实践性和可操作性，可以帮助他们做好心理准备，帮助残障大学生顺利融入社会，更好地适应社会需求。

（2）加强实际操作环节：教材内容可以采取案例分析、实际操作等方式，如实验、模拟操作等环节，让残障大学生亲身体验，加深对知识的理解，并帮助学生完成从理论知识向实际应用的转化，培养他们的实际操作能力和解决问题的能力，与此同时，通过实际操作和亲身体验还可以提高其学习兴趣和能力。

（3）引入多元化教学手段：高校教材应该引入多元化的教学手段，如视频、音频、图片等。这些教学手段可以帮助残障大学生更好地理解抽象概念，提高学习兴趣和能力。

（4）关注时事动态：随着社会的发展和变化，思想政治教材的内容也要及时更新，以反映时代的变化和新的理论和实践成果。同时，残障大学生不同时代的学习需求也会有新的特点，教材在内容编写过程中都要有所考虑。

（5）关注个体差异：不同类型的残障大学生在学习过程中可能会遇到不同的困难，高校在教材内容的选择上，也要重点考量教材是否注意到这些差异，设计方面要尽量涵盖不同特点的残障大学生需求。

综上所述，残障大学生的思想政治理论课教材在选择时，要综合考量多种因素，包括符合残障大学生的学习需求，需要注重内容的实际性、形式的多样性、语言的简练性、实践的重要性、针对不同残障类型的需求、内容的及时更新以及师生的互动等。通过这样的教材选择方法确定合适的教学用书，可以帮助残障大学生更好地学习思想政治知识，提高他们的思想认知水平和综合素质。

三、教材设计的要点

教材设计的要点，是基于如何根据残障大学生的特殊需求，设计适合他们的教材，提供多样化的学习资源和支持。主要包括内容的设计、形式的设计和辅助工具的选择等，教材设计要注重实践性和操作性，通过案例分析、实践活动等方式，帮助残障大学生将理论知识应用到实际问题中。

（一）内容的要点设计

思想政治教育是高校教育的重要组成部分，这对残障大学生来说尤为重要。通过思想政治教育，可以帮助残障大学生树立正确的世界观、人生观和价值观，增强其社会责任感和公民意识，提高其思想道德素质和政治觉悟，为未来的发展打下坚实的基础。结合思想政治理论课的课程主旨，在内容的要点设计上，要重点围绕帮助残障大学生树立正确的世界观、人生观和价值观，提高其思想政治素质，为未来的职业和生活奠定坚实的基础等目标进行设计。要通过本课程相关内容的学习，使残障学生了解国家的大政方针，增强爱国主义情感，具有良好的道德品质和法治观念。具体要涵盖以下几方面的内容。

1.社会主义核心价值观

社会主义核心价值观是当代中国精神的集中体现，是全体人民共同的价值追求。本部分内容将深入解读社会主义核心价值观的基本内涵，引导残障大学生如何在日常生活中践行社会主义核心价值观，树立正确的价值导向。

2.爱国主义与民族精神

爱国主义是中华民族的优良传统，是推动国家繁荣发展的重要动力。这部分内容重点引导学生了解国家的历史和文化，增强民族自豪感和自信心，树立为国家发展贡献力量的意识。

3.公民道德与法治观念

作为公民，应具备良好的道德品质和法治观念。这部分主要介绍公民的基本道德规范和法律法规，引导学生树立正确的道德观念和法治意识，自觉遵守社会公德和法律法规。

4.社会责任感与公益意识

作为社会的一员，每个人都应该承担起自己的社会责任。这部分内容将引导学生了解社会责任的内涵和意义，培养其积极参与公益事业的意识，为社会的发展和进步贡献自己的力量。

5.心理健康教育

心理健康是每个人健康成长的重要保障。这部分内容重点关注学生的心理健康问题，引导学生正确认识自我，学会调节情绪和压力，培养积极向上的心态。

6.团队合作与沟通技巧

在当今社会，团队合作和沟通能力是个人发展的重要素质。这部分内容将通过实际案例和实践活动，培养学生的团队合作意识和沟通技巧，提高其人际交往能力。

（二）相关配套的要点设计

1.教材形式

纸质教材：提供文字、图片和图表等视觉信息，方便阅读和记笔记。

电子教材：提供音频、视频和交互式内容，方便视觉和听觉障碍残障大学生使用。

2.教学内容

理论教学：介绍思想政治理论基础知识，主要介绍马克思主义中国化的理论成果。

实践教学：组织残障大学生参加社会实践、志愿服务等活动，培养残障大学生的社会责任感和公民意识。

3.教学方法

课堂讲授：通过教师的讲解和引导，帮助残障大学生掌握思想政治理论知识。

小组讨论：组织残障大学生进行小组讨论，培养残障大学生的团队协作和沟通能力。

个性化辅导：针对残障大学生的不同需求和特点，进行个性化辅导和指导。

4.教学资源

教材资源：提供丰富的教学资源，包括课件、教案、习题等。

网络资源：推荐相关网站和微信公众号，方便残障大学生自主学习和拓展知识。

实践资源：推荐社会实践基地和志愿服务机构，为残障大学生提供实践机会。

5. 评估方式

考试评估：通过考察基础知识评估残障大学生的学习成果和掌握程度。

平时表现：通过观察残障大学生的平时表现，评估残障大学生的学习态度和团队协作能力。

实践报告：要求残障大学生提交社会实践或志愿服务报告，评估残障大学生的实践能力和思考能力。

以上是针对残障大学生教材的相关配套在形式呈现上的设计思路，具体实施还需要根据实际情况进行调整和完善。

第三节　创新残障大学生思想政治理论课教育教学模式

创新教育教学手段，在不同的教学模式中体验和总结教学效果，以期改进，以下将结合在实践中开展的几种残障大学生思政课教学创新手段展开分析。

一、"三论式"教学模式在听障生思政课堂的运用

听障生思政课当前处于起步阶段。思政课作为开展大学生道德教育的主阵地，需要探索更多由学生主体参与并获得认可体验的方式方法，不同类型的残障大学生要针对其身心特点加以细致分析。以听障大学生为例，因其听力缺陷造成的沟通障碍，使得这一群体表现出接收知识范围狭窄，语言理解能力和逻辑思维能力相对落后的特点。与此同时，在授课过程中还发现听障生对社会热点事件往往缺乏以当事人的状态融入主体角色的能力，往往感性表达多于理性的思考。如果采用一般思政课堂的教学模式容易使其将理论与自身的生活实践分割开来，进而将思政课理解为脱离生活实践的理论知识堆积，因此，更加值得探寻引导其自主学习的良方。

"三论式"教学模式弥补了听障生在逻辑思维上的不足,能够将抽象的课本理论转化为贴近实际生活的热点话题,使学生产生探究的兴趣,并能对各种社会思潮和价值观念进行理性思考,多年来在思政课堂中得到了广泛应用。我们试图通过分析"三论式"教学对听障生主体教学的价值,并对"三论式"教学在听障生思政课中的开展进行具体设计,以便更好地促进听障生思政课教学的有效开展,并得出相应保障体系方面的结论。

（一）"三论式"教学对听障生主体教学的价值

"三论式"教学模式具体包括讨论式、辩论式和实践式。

"讨论式"教学依据听障生的实际知识水平,结合课程目标设定具有典型意义的案例和问题,展开师生之间、生生之间的讨论。一方面,由于听障生在入学前的知识层次各有差异,因此,需要通过讨论初步了解听障生对相关知识的掌握程度,进而在讨论过程中能够以此为基础做出恰当的引导,使其逐渐提高对问题的思考层次。另一方面,通过相互之间的讨论可以交流看法,以切合听障生思维逻辑的产生方式,培养其形成正确认识社会问题、人生问题的思辨思维,使听障生在分析过程中提高认识、深化理解。因此,"讨论式"教学亦可理解为使听障生"接触理论""分析理论"的过程。

"辩论式"教学依据社会现象、热点问题由教师拟定正反两个观点引导学生展开辩论。尤其要结合听障生在日常生活中遇到的实际问题,如以辅导员老师反映的人际交往问题和容易出现的思想偏激问题等设置话题,引导听障生主动思考、研究、辩论,通过观点的交锋启发思维,使其在高度紧张与积极参与的状态中培养逻辑思维能力,提高其分析问题、解决问题的能力,最终达到听障生对理论知识的深层理解,能够明辨是非,树立正确的人生观、价值观。因此,"辩论式"教学亦可理解为使听障生"辩论理论""得出理论"的过程。

"实践式"教学,亦称行为体验式教学,注重以听障生为主体的理论联系实际的体验教育。主要结合课堂教学,组织与设计实践活动,加深对思想道德修养、社会问题、人生价值与法律知识的切身理解，通过实践活动有所体会，有所感悟，有所收获，弥补听障生因听力缺陷造成的接触社会渠道狭窄而导致的信息闭塞、与社会脱节等问题，从而使听障生由前面的"接触理论""分析理论""辩论理论""得出理论"推进到"信服理论"的关键一步。

由此总结，"三论式"教学通过讨论、辩论理论精髓、强化实践的模式，展开"理论质疑—辩论研讨—总结评价—实践"的过程，对学生个体的思想动态、兴趣爱好、情感意志、知识经验和知识认同给予充分的尊重，引导学生对各种新型社会思潮和价值观念进行理性思考，表达了学生内在精神需要和利益诉求。主要优势在于能够结合大学生面临的实际问题，将抽象的课本理论转化为贴近实际生活的热点话题，使学生产生探究的兴趣，主动参与其中，使其主观能动性和创新潜力得到充分发挥。该方法在多年教学过程中通过实践，收到了良好效果。更为重要的是，其教学模式的特点在原理上恰好弥补了听障生在逻辑思维上的不足，能够提高其课堂主体参与意识，促进教学的有效开展。

（二）"三论式"教学在听障生思政课中的具体设计

1. 以优化内容为重心的准备过程

课前教学准备是整个设计的初阶，从准备内容到讲授方式都要精心策划。课上讨论、辩论环节选取的案例、辩题要结合教学重点、难点考虑，而教学的重点、难点也需结合听障生的实际知识水平设定。当前，高校使用的统编思想政治理论课教材虽有严谨的内容体系，但具有鲜明的意识形态性和学术性，其内容离听障生的生活体验较远，亦缺乏对听障生实际生活的关心，使听障生在心理方面感觉不到教学内容与自身的关联，进而对课程"敬而远之"，在情感接受上产生"本能"抵触。因此，准备过程的重心要集中在"精简教材内容，厘清教材体系，结合听障生的实际知识水平实现教学内容的整体优化"上。考虑到听障生的实际教学进度相对缓慢等因素，可在厘清教材体系的基础上精心整合出几个专题，设计贴近听障生生活实际的教学情境，内容上要以听障生亲身经历或目睹的事实为素材，方能引起强烈的认同感。比如：将听障生的日常生活片断用摄像机摄下来，在课堂上播放给他们观看，让听障生在忍俊不禁的同时，判断自己的道德行为是否符合道德规范。

2. 以积极引导为重心的讲授过程

"三论式"教学中"讨论式"与"辩论式"方法的运用效果如何，主要取决于课堂的引导过程。积极的课堂引导能够激发听障生的参与兴趣，将听障生的思维带入情境中展开分析与探讨，进而做出正确的道德判断与道德选择。引导过程需要注意技巧。首先，要从听障生已有的知识中逐渐引出对新知识的认知和学习。这一过程需要教师有意识地提出一系列问题，激发听障生通过已有知识多角度回答问题，在学生之间展开讨论，教师在倾听的过程中把握适当时机加以引导，主导整个讨论过程的正确走向。其次，注意引入的情境要贴合听障生的生活实际，这样更容易引发兴趣、引起共鸣。比如在讲"继承爱国传统，弘扬民族精神"一章时，可将学生带入"残疾姑娘金晶用身体保护奥运火炬"的案例，通过与残疾姑娘金晶的角色互换，诠释"爱国主义"的内涵。再次，善用反问激发调动学生的思维活动。反问用反问的形式表达确定的意思，以加重语气，只问不答，却能使听障生在反问中领会到教师要表达的真意，每一次问答过程都是一个积极的思维过程，使学生处于思维的快速运转与积极参与状态，能够激发兴趣，发掘潜能，启发思维，培养听障生的抽象逻辑思维能力。

3. 以亲身体验为重心的实践过程

听障生由于生理上带来的语言和听力缺陷，使得他们的认知学习主要靠视觉感知和直接参与的方式实现。"实践式"的核心是为听障生的学习提供理解验证的契机，通过创造条件设置情境，让听障生更多地接触社会，融入社会，在身体力行的实践过程中理解理论、验证理论，帮助听障生建构正确的道德情感。实践内容要结合课上讨论、辩论的知识，根据所在教学单位的地理特点挖掘当地教育资源，如乡土人文、民风民俗、红色景点、英雄人物等，让听障生在真实的生活情境中去认知、体验、探究和实践。在实践要求上，可要求听障生结合实际以小组或团体的形式开展简单的课题立项，进行项目研究，如通过社会热点PPT宣讲、人物访谈、残疾人维权、小品表演、残障大学生职业与创业规划等案例讨论与评说等实践项目，引导听障生在合作学习中增强团队意识，学会互助协作与沟通交流，进而提高听障生的生活技能和社会适应能力，引导他们在亲身体验和主动参与的过程中逐渐构建正确的道德情感和人生价值观。

（三）"三论式"教学在听障生课堂中运用的启示

"三论式"教学在听障生思政课的实际运用中，除了要对"讨论""辩论""实践"环节精心设计外，要使其最终达到预期的教学效果，在整个运用过程中还要注意一些因素的影响，包括教师对听障生个体的了解程度、心理状态的把握、教师个人的手语水平与沟通能力等，都会在"三论式"教学中形成一定的影响，因此，需要我们在具体实践中仔细打磨，认真总结。

1.教师能力培养目标：走进学生内心

所谓"亲其师，信其道"，听障生只有在亲近、尊敬自己的老师时，才会相信、学习老师所传授的知识和道理。因此，教师要以个人的人格魅力影响学生，走进学生的内心，创造平等对话、相互尊重、彼此心灵开放的师生关系，这要求教师要做足功课，全面了解学生。

一是全面把握了解学生信息，从接手班级开始，教师就要探寻多种渠道掌握学生的各种信息。可通过与教学管理部门的沟通获取基础数据；与辅导员沟通了解更多关于听障生个体性格特点、成长经历、学习需求的情况等；结合所教课程，教师还可以在第一次课上进行问卷调查，或者组织简单的"破冰"游戏，从而对学生的接收能力进行评价分析，为教学重点的选取和调整提供依据。

二是要了解听障生的心理特点。从调查研究中把握听障大学生的思想动态，把工作做到细微之处，全面了解授课对象，了解对课程的感受和自身建议，这对思政课"三论式"教学开展的效果必将起到积极作用。

2.教师能力培养目标：做出色的"表演者"

由于听障生以目代耳，对信息的接收主要来源于视觉感知，因此，教师要更多地借助直观教学方法传授知识，做出色的"表演者"，在教学中充分发挥态势语言的直观作用。这首先要求教师精通手语，用听障生特殊的语言与其沟通，配合表情，用凝炼的语言绘声绘色地给学生"讲"明理论，才能使听障生从无声的世界走进"有声"的世界，产生学习兴趣。其次，在教学手段上，可以借助多媒体化静为动，选取较为直观的图片、视频代替繁杂的语言描述，减少沟通障碍，提高听障生的学习效率。再次，要创造与听障生的最佳"沟通点"，教师可根据教室的具体实况灵活安排，基于通常情况下听障生多采取小班授课的情况，教师可选择走到学生中间，或将座位摆为半弧形，这样可将肢体语言和表情更加清晰地展现在学生面前，达到更加直观的效果。

综上，"三论式"教学模式能够将抽象的课本理论转化为贴近实际生活的热点话题，使学生产生探究的兴趣，引导学生对各种社会思潮和价值观念进行理性思考，多年来在思政课堂中得到了广泛应用。因其教学特点在原理上恰好弥补了听障生在逻辑思维上的不足，本文试图通过分析"三论式"教学对听障生主体教学的价值，对"三论式"教学在听障生思政课中的开展进行了具体设计，并得出启示，以期更好地促进听障生思政教学的有效开展。

二、构建"讲好中国故事"的教学模式的实践与启示

运用科学的教学手段探索残障大学生的教育教学，是开展残障大学生高等教育的重要课题。这里从具体的思政课的教学手段切入，以"讲好中国故事"对高校听障生思政课教学方法研究的重要启示和价值为基础，深入研究与设计教学过程，从而保障课程良好开展，并取得良好的教学效果。

"讲好中国故事"是新时代思政课的重要使命之一，它体现出的中国特色社会主义实践经验中的叙事性特征，对于高校听障生思政课教学方法研究有重要启示和价值，值得我们在教学中深入研究与设计。

（一）"讲好中国故事"在听障生思政课中的价值分析

1. "讲好中国故事"有助于丰富听障生思政课有效交流的话语体系

基础知识薄弱，对抽象话语难以理解，逻辑思维不强，是听障大学生的共性问题。长期以来，听障大学生思政课在教材体系向教学体系转化的过程中，受语言交流障碍的影响，对于如何单纯运用手语加口语的方式，为听障大学生讲解抽象的理论和概念，是听障大学生思政课教学过程中的一个难点问题，而"讲好中国故事"为化解这一难题提供了良好素材和重要方法。这是因为听障生所依赖的手语只能表达一些简单直白的意思，对于抽象话语的表述存在困难，而"故事性语言"的特点恰好具有生动易懂的特点，可服务于抽象理论的转换输出，这使得听障生思政课能够在一定程度上跨越抽象性语言和概念带来的理解障碍，丰富听障生思政课堂的有效交流的话语体系。

2. "讲好中国故事"有助于发挥听障大学生思政课的政治引导功能

与健全大学生相比，听障大学生接收知识与信息的渠道狭窄，判断和鉴别是非曲直的能力相对较弱，因而对了解世情、国情、党情以及社会上的重大突发事件有着更加急迫的需要，尤其是中国特色社会主义进入新时代，听障大学生需要站在新的历史方位对国家发展形成更全面的认知。在听障生思政课中"讲好中国故事"，通过讲述中国传统文化故事，讲述中国革命的故事，讲述中国改革开放的故事，讲述中国共产党作为中国特色社会主义事业领导核心带领中国人民奋力实现中国梦的故事等，勾画出更易于接受的宏大历史叙事，用通俗易懂的方式输出正确的价值观念和理想信念，可发挥小故事讲清大道理的优势，引发听障大学生的反思，坚定"四个自信"，认同并积极践行社会主义核心价值观，厚植爱国主义情怀，培育使命担当精神，顺利将理想信念内化于心，从而产生入脑、入心的影响，由此发挥思政课价值引领的政治引导功能。

3. "讲好中国故事"有助于推进听障大学生思政课的教学改革

国内学者曾就残障大学生对思政课的认同状况进行研究，其结果和我们在听障生思政课教学中所做的调查结果近乎相同，即当前残障大学生对思政课的总体评价偏低、思政课教学效果不佳，而给出的不同解决途径中，几乎都包括优化教学内容这一方式。因此，尝试结合教学目标着重选取适当的"中国故事"，一方面考虑听障生的关切内容；另一方面要考虑听障生实际的基础知识掌握情况，将"中国故事"合理融入教学内容，形成具有听障大学生特色的思政课教学讲义，从而吸引学生的注意力，促进其主体参与意识，使听障生思政课中的抽象理论更为鲜活生动，改变听障大学生对传统思政课教学存在的晦涩难懂、远离现实和枯燥刻板的印象，从而增强课程的亲和力和可接受性，有效推进听障大学生思政课的教学改革，提升听障大学生思政课的实效性。

（二）"讲好中国故事"在听障大学生思政课教学中的要点设计

1. 精心选取内容

无论何种形式的思政课教学改革，都脱离不了"内容为王"的事实，要在听障大学生思政课教学中"讲好中国故事"，重中之重在于首先"选好中国故事"。这一环节可把握好以下三个原则。

第一，以目标为导向选取素材。基于现实中有来自网络、教辅教材以及线上课程等多种来源的故事资源，这就要求在选取故事这一环节上多下功夫，按照课程教学目标的实际要求进行选材。比如《毛泽东思想和中国特色社会主义理论体系概论》这门课的课程目标主要是增强大学生对中国特色社会主义的自觉自信，实现大学生运用马克思主义理论分析问题、解决问题的能力。那么，每个章节或专题的教学设计，就要在宏观上考虑课程目标，在微观上结合具体章节或专题教学目标，考虑选取什么样的中国故事更加符合上述目标要求，具有这种目标价值。

第二，接地气的选材原则。要注意"中国故事"的讲述对象，尽量从听众的实际出发去讲解，习近平总书记就是这方面的典范，他在不同国家进行演讲时，都注意运用对方国家的文学作品、名言谚语等阐述自己的观点，大大增强了吸引力、说明力。同样，听障大学生思政课"中国故事"的选材，也要从听障大学生的现实状况出发考虑，选取他们更加了解或关注的人和事，尤其要选择以残障人为主角且充满正能量的中国故事，增强听障生的倾听意愿，这更容易引起听障大学生的情感共鸣和反思，激发他们对故事中所蕴含的中国精神的认同，有效发挥思政课的政治引导功能。例如，在概论课第十章《五位一体总体布局》中的《坚持在发展中保障和改善民生》一节中，讲到"提高就业质量"这一保障和改善民生的具体措施时，可以结合听障大学生成功创业或就业的典型案例，分析和探讨案例中主人公获取成功的诸多因素，进而融入国家对残障大学生创业就业的政策讲解，融入残障人士通过自强不息的努力能够实现人生价值的道理，这就拉近了听障大学生和"中国故事"的距离，实现了"中国故事"要服务于教学目标的功能。当然，这要求教师在进行教学设计之前，要做大量的调查研究、访谈等，才能形成真正"接地气"的中国故事。

第三，注重时效性的选材原则。这里的"时效性"第一层含义是指选取的"中国故事"是当下的时事。听力和语言方面的缺陷无形之中限制了听障大学生的信息来源，加之与健全人的交流匮乏，导致他们对时事的关注程度大大降低。有调查显示，新冠疫情期间，听障大学生对疫情的关注程度低于健全大学生，但这也恰恰说明，听障生更需要在思政课中了解当下正在发生什么、未来即将如何发展、我们该怎么做等，从而形成及时引导、引领听障生形成正确的认知。由此，在听障生思政课教学中要注重选取加工那些当下热点的中国故事。"时效性"的第二层含义是指选取的"中国故事"并非是照搬那些广为人知、老生常谈、耳熟能详的传统故事，而是要用创新手段改变传统故事枯燥乏味的课堂效果。一方面可以深挖传统故事与新时代的契合点，即它的当代价值；另一方面可以选取新时代鲜活的中国故事，增强故事的吸引力。

2.注重呈现方式

"选好中国故事"是"讲好中国故事"的前提，而用何种呈现方式才能产生最佳效果，也是讲好中国故事的重要一环，教师不仅要注意讲述"中国故事"时的手语和体态，还要讲求叙事技巧，以及围绕听障大学生实际状况考虑的多种表达手段。

从讲述技巧来说，讲故事是一个双向交流的过程，倾听者是否能从故事中受到启发，有所思考和感悟，很大程度上取决于教师的讲述是否精彩与得当。听障生思政课教师要讲好中国故事，一方面，要认真研究故事情节，打手语速度、体态、表情都要随情节的跌宕起伏而自然变化，处理好情绪的转换，与此同时，善用提问、投票、假定等方法将倾听者自然带入故事并交流互动，注意观察整个过程中倾听者的反应，全力实现师生在情感和观点认同上的共鸣，才是一次成功的"讲述"。另一方面，教师在把握故事真实性原则的基础上，要充分考虑什么样的文案能让听障生听懂、听进，从而入脑入心，注意结合所教班级听障生的基础状况和接受能力，对所选的中国故事进行内容的提炼、转化和艺术加工，让故事更具生命力和吸引力，这里可以融入教师的亲身经历或感受，形成更加情真意切的讲述风格，这样更容易产生代入感，使学生产生感同身受的感觉，让故事更具感染力。

从讲述手段来说，一是可以借助多媒体或 VR 技术、360 度观景技术等新媒体技术呈现，发挥其图、文、声、像并茂和身临其境的优势，更加直观地表达"中国故事"中的某些叙事情节，这些视听手段的穿插运用，避免了单一手语讲述较枯燥的弊端，给学生更多的感官刺激和真实体验，在提高课堂教学的吸引力的同时，又可以增强故事的生动性和感染力。二是可以借助情境表演呈现，教师在课前将故事内容或内容主题发放给某一小组，由听障生编排并在课上亲自呈现，可以完全遵照故事内容，也可以由听障生以亲身经历或生活中目睹的事实为素材，创造、改编并表演同类主题故事。这样无论是表演者还是观看者，都会产生浓厚的兴趣；既能发挥听障生的想象力，又能达到对故事内容及蕴含意义加深理解和认同的效果，从而实现思政课的价值引领功能，引导听障大学生树立正确的人生观、价值观。

3. 传递价值观念

精心选取内容，注意呈现方式，最终目的是为了通过"讲好中国故事"向听障大学生传递价值观念，即整个教学必须经历从感性的故事讲述转向理性的价值判断的过程，去引领导听障大学生通过反思生成正确的价值观，这是验收我们是否把"中国故事"真正讲好的关键一步，也是紧扣思政课价值引领功能的重要一环。因此，教师要思考如何才能将叙述与反思建构有机统一起来。

一般来说，教师与听障生交流对话的互动过程是要贯穿整个讲述过程的。正如有学者所言：在实际教育过程中，互动双方很少出现绝对的叙事者或纯粹的倾听者，教师和学生双方处于叙事者和倾听者的双重角色以及角色互换之中，表现为既是叙事者又是倾听者。但具体到细节，教师要根据所选故事的情节走向，通过设计将对话交流的重心偏重在某一阶段，具体说来，包括偏重于"讲述中的交流互动"和"讲述后交流互动"。

偏重于讲述中的交流互动，要注重设置情境体验，随故事情节的发展变化，在遇到转折的重大选择节点时让听障生置换为故事中的主角，通过设置选择题进行网络投票等方式来引发思考，从而将听障生代入道德选择和价值判断的路口，让学生在具体情境中经过分析，给出价值判断和选择，完成后由教师继给出故事中主人的选择，让学生与之进行判断对比，进行二次思考分析，最后由教师总结点评，给与积极科学的引导帮助，输出正确的价值理念，最终实现思政课的价值引领功能。

偏重于讲述后的交流互动，要注意根据本班听障生听力、语言表达和基础知识掌握的层次差异等实际情况进行小组划分，每组安排一名听力、语言表达相对较好的同学，成为临时"助教"，这样便于快速建立起教师与各个小组之间有效沟通的渠道。同时，由于不同听障生在入学前掌握的知识层次存在差异，在划分小组时，可以安排至少一名基础知识掌握相对较好的同学，引领小组讨论能够更加深入。这样的讨论过程十分必要，可理解为听障生"接触理论""分析理论"

的过程，是培养听障生正确认识社会问题、人生问题和形成思辨思维的重要过程，能够使听障生在讨论过程中提高对"中国故事"中蕴含的理论价值的深入认识和理解。此外，经过小组成员共同分析和探讨后的总结发言，也是锻炼听障生信息加工和信息表达的重要手段，同时可以活跃课堂气氛，最终达到扣回课程目标，将叙事活动成功进行反思性建构的目的。

（三）"讲好中国故事"在听障大学生思政课中的保障条件

1. 打造具有残障大学生特色的"中国故事"资源库

打造适合听障生的巨大"中国故事"资源库，是在听障生思政课中"讲好中国故事"的重要前提。当前，在听障生思政课中"讲好中国故事"还缺乏大量具有针对性的教学资源，这需要从以下两个方面进行努力。

一是在现在的优质资源上下功夫，当前国内中国故事资源呈现出向系统化资源发展的趋势，专题式、体验式、视听化的网站都得到了迅速发展，这为我们听障大学生思政课的中国故事教学资源收集奠定了坚实基础。当下急迫要做的是为那些缺乏手语解说或字幕的"中国故事"资源进行添加手语解说和字幕的工作，将那些好的"中国故事"的音频作品，改制成适合听障生的视频文件，以图像加手语的方式呈现。这些工作需要思政课教师对好的中国故事进行挑选，需要手语教师进行翻译，以及视频制作的专业人员共同努力来完成。

二是发动力量广泛征集故事，依据现实生活创新资源，尤其是要将那些关于残障人士积极传播正能量的中国故事改编成优质的中国故事，汇入听障生思政课"中国故事"的资源库中，通过场景模拟、字幕、口型以及手语解说等方式传达教学内容。另外，在听障生的思政课堂上，可由听障大学生独立表达他们身边真实发生的具有正能量的"中国故事"，将身边的典范化为故事中的主人公，更加贴近听障大学生现实生活的故事，也更具激励作用。

2. 提升听障大学生思政课教师的能力

思政课教师是听障大学生"讲好中国故事"的最关键因素，讲故事的能力，手语表达的能力以及课堂驾驭能力都决定着能否讲好中国故事，因此，听障生思政课教师要在教学中注意着力培养这三方面的能力。

一是讲故事的能力。真正讲好中国故事需要经过一番训练，除上文讲到教师要掌握一定的技巧外，还要找到切合自身优势的讲述方法，这需要教师反复琢磨。比如，在对故事进行二次创作的过程中，在对故事情节达到烂熟于心的基础上，找到故事中更符合自身气质的主角角色，从而进一步把握讲述方法，探究如何更好地带领学生进入故事情境，如何在故事情节的重大转折点引领学生进行思考。

二是手语表达能力。手语是听障生思政课教师教学必不可少的"通行证"，熟练掌握手语才能与听障生沟通自如，传递好中国故事蕴含的精神实质，但当前大多数高等院校都缺乏一支思政课教学和手语教学"双精通"的教师队伍，听障生思政课教师多为健全大学生的思政课教师兼任，通过短时手语培训上岗，大多数残障大学生思政课教师都存在着手语教学困难的情况，这需要听障生思政课教师通过参加培训，以生为师的多种途径，不断提升自己的手语表达能力。

三是课堂驾驭能力。教师要视具体听障生班级的不同情况，做出具体的教学安排。听障大学生接收知识的主要手段是手语加唇语，因此在课堂上要确保老师所在的位置能够照顾到每一位听障生。听障生思政课大多是小班授课，由此，可以以讲台为中心，将桌椅呈弧形摆放。在小组讨论时讲求安排技巧，每小组分派一名听力、语言能力相对较好的同学，一是能够带动整个小组讨论，二是能够快速与教师进行有效沟通，这需要思政课教师在接手班级之前，就要做好本班听障生的学情调查。

三、基于残障大学生思政课教学"三个切入"的探索实践

我校从 2015 年开始创办听障生本科教育，面向全国招生，成为我省唯一一所招收听障本科生的高校，这也为残障大学生教学带来了全新课题。以思政课为例，在教学过程中，与健全大学生思政课教学相比，残障大学生思政课教学与其存在共性的同时，更大程度上表现出来的是特殊性。通过最初近两年的教

学实践，我们总结出最需要注意的两点：一是残障大学生与健全大学生在生理、心理以及道德认知上的明显差异，决定了残障大学生在教育手段上要有与健全大学生不同的要求，授课中除了一些通用的教育手段外，更有赖于手语、文字等特殊教育介体；二是受残障大学生思想状况、认知方式的限制，在教学内容的选取上也要有特殊针对性，全面考虑教育内容、结构的权重分配问题，加快建设并形成一套与健全大学生相比难易程度较低的内容体系，并要积极探索适合残障大学生的教学手段，逐渐摸索并形成对残障大学生思想教育的教学规律。基于上述背景而开展教学实践。以本研究为依托，课题尝试将成果在思政课教学实践中推广实践，几年来，听障生思政课教师组成了实践教学团队，不断结合我校听障大学生思政课教学实际，结合上述三个切入的探索，展开具体研究，并取得了一系列成果，现总结如下。

（一）全面把握"四个环节"

"四个环节"指的是课前的"师生商讨"、授课中的"课堂感知"、现实中的"实践体悟"和课下的"日常熏陶"。

1."师生商讨"，是在教学准备过程中涉及某一教学专题特定的教学内容时，通过课前询问残障大学生对教学的期待和建议，设计出恰当的教学方法，从而增强课堂"动式"教学的实效。

2."课堂感知"，是残障大学生思政课教学中以提升教学实效性为目的，通过开展以小组为基本单位的辩论、讨论和案例式教学。即在教师的引领下，通过学生自主推导得出结论，从而增强了引导力、说服力和感染力，使听障大学生更容易接受，并达到强化残障大学生明辨是非，懂得如何做人做事，深化社会和国情教育的教学目标。

3."实践体悟"，是培养听障生增强社会责任感、激发其服务奉献精神为目的的思政课实践教学环节。通过开展残障大学生走进习近平新时代中国特色社会主义思想教育中心、校史馆、科技馆等特色实践活动，听障大学生思政课教学收到了良好效果。

4."日常熏陶"，是延伸到课下的潜移默化对听障生日常思想教育及管理的形象概括。以日常的思想教育和管理为依托，通过将思政课内容渗透到日常的读书文化活动、网络新媒体中，扩展教育渠道，提升教育效果。

（二）具体做法

1.教学方法上采用分组教学，尝试与我校的"三论式"教学模式相结合，配合实践体悟和日常教育，提升了教学效果。

2.在内容的选取和设计上，形成针对残障大学生思政课教学的专门讲义，使其更易于理解、接受。

3.融入突出了三个结合：线上线下结合、教学方式与学生探讨结合、课堂教学与实践相结合。改变以往教学过程中抽象、难懂、枯燥的课堂状况。

（三）"四个环节"的创新点

1."师生商讨"将课前准备与残障大学生的客观现实和实际需求状况相结合，设计出更贴合残障大学生的教学方式。

2."课堂感知"将"三论式"教学有机融入到思政课教学中，通过选取恰当的案例，以辩论、讨论方式调动起学生学习的积极性，学生通过教师引导和自主推导受到教育和影响，增强了思政课的实效性。

3."实践体悟"教学唤醒了学生的责任意识。在实践教学中，可使听障大学生在收获知识，开阔视野，增长见识，愉悦身心的同时，验证课堂学习内容。这种真实的道德实践情境，持续的实践体验唤醒了残障大学生的勇于践行责任、甘于担当服务的德行品质。

4."日常熏陶"将残障大学生思政课的教学过程从课上延展到课下，扩展了教育渠道，提升了教育效果。

（四）主要解决的教学问题

1.进一步拉近思政课与听障大学生的距离，以内容上的亲和性拉近与听障大学生的距离，提升了思政课的实效性。

2.通过课上课下、理论与实践的结合，实现了思想教育"知情意行"思想转化的完整过程。

3.尝试探索出了一套残障大学生思想政治教育的有效途径和方法。

（五）效果呈现

1."师生商讨"的课前准备

图 3-1　著者 2020 年秋冬季学期针对 2019 级听障生进行课前准备

2."课堂感知"的讨论辩论

图 3-2　著者 2020 年春夏季学期在 2019 级听障生组织课堂讨论、辩论

图3-3　著者2020年春夏季学期在2019级听障生组织课堂讨论、辩论

图 3-4 著者 2020 年春夏季学期在 2019 级听障生组织课堂讨论、辩论

图 3-5 著者 2020 年春夏季学期在 2019 级听障生组织课堂讨论、辩论

图 3-6　著者 2020 年春夏季学期在 2019 级听障生组织课堂讨论、辩论

3."实践感悟"的深入理解

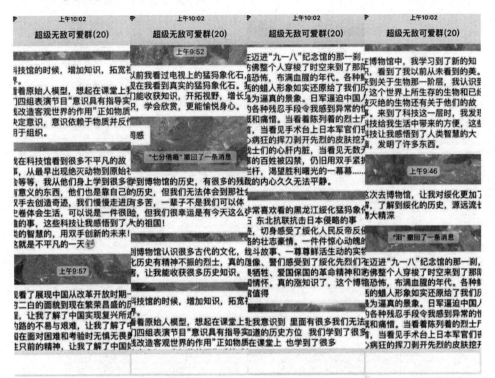

图 3-7　著者 2020 年秋冬季学期 2019 级计算机专业听障生参观绥化博物馆后的反馈

4. "日常熏陶"的课下延伸

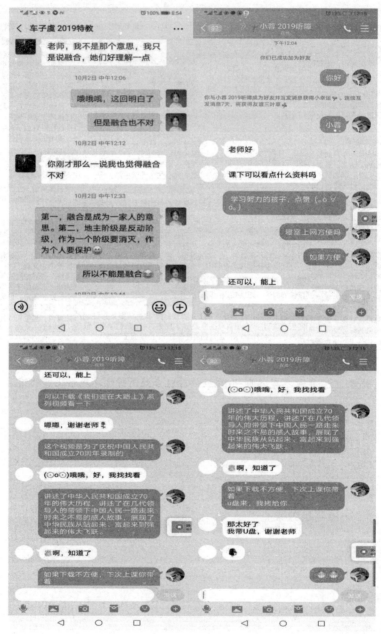

图 3-8　著者 2020 年秋冬季学期对 2019 级听障生进行课后辅导

由此可见，基于残障大学生思政课教学"三个切入"的探索实践，能够推进残障大学生思想政治教育的实效性，将真善美的种子植入心中，帮助残障大学生扣好人生第一粒扣子，引导学生在学习科学知识、培育科学精神、掌握思维方法过程中体悟真理力量。通过创新实践教育教学方式方法，把马克思主义基本立场观点方法转化为育人立意和价值导向，通过不断摸索残障大学生的认知发展规律，把握好残障大学生思想政治教育教学规律，用切合残障大学生日常生活和学习实际的方式方法，将道理融入故事之中，将抽象概念融入生动案例之中，使习近平新时代中国特色社会主义思想的科学内涵在残疾学生的成长过程中内化于心、外化于行，激励残疾学生立志成材、立志报国。发挥先进思想的引领作用和"红色文化"的育人功能，跨越单纯抽象性语言和概念带给残疾学生的理解障碍，丰富残疾学生思想政治教育方式方法，创建起与残障大学生思想能够有效交流的话语体系，不断丰富当前残障大学生思想政治教育资源。

（六）应用情况

该项成果在我校残障大学生思政课教学中得到广泛应用。

1. 2015 年至今，思政课教师课堂采取分组讨论式、辩论式、案例式教学相结合的方式，将教学内容传播给学生。

2. 2015 年至今，采取线上与线下教学相结合、教学方式与学生探讨相结合、课堂教学与实践相结合的模式。

（七）成果应用效果

1. 增强了我校残障大学生思政课教学的课堂实效性，表现为通过课堂教学方法的不断创新与实践，优化了教学内容，增强了课堂互动效果，推进了我校思政课的教学改革，增强了工作实效。

2. 推进了我校残障大学生思政课教学团队的组建和未来工作室的积极筹备。目前，马克思主义学院已组建了残障大学生思政课教学团队，力求通过团队共同探讨未来残障大学生思政课教学改革的方式方法，努力尝试将"工作室制"教学模式融入思政课教学，贯穿听障本科生教育全过程，分阶段完成学校听障生思政课讲义编写工作，优化教学内容，创新教学方法和手段，加强听障生思想政治教育。

3.残障大学生思政课教师与相关部门开展实践教学，提高大学生主体责任意识。通过开展走进校史馆、科技馆等实践教学模式，深化了残障大学生对理论知识的进一步理解。创新思政课实践教学模式，试图以发挥"红色文化"的育人功能，组建"微群课堂"等实践教学形式，解决听障大学生认知方式独特性与实践教学内容针对性的问题，以情感教育引发学生认知共鸣，弥补听障大学生沟通方法特殊性与实践教学载体拓展性的问题。

图 3-9　著者 2018 年秋冬季学期带领 2018 级听障生参观绥化学院校史馆

图 3-10　著者 2018 年秋冬季学期在绥化学院校史馆为 2018 级听障生讲解

图 3-11　著者 2018 年秋冬季学期在绥化学院校史馆为 2018 级听障生讲解

图 3-12　著者 2018 年秋冬季学期带领 2018 级听障生参观绥化学院校史馆

图 3-13　著者 2019 春夏季学期带领 2018 级听障生参观绥化市科技馆

图 3-14　著者 2020 年秋冬季学期带领 2019 级计算机专业听障生参观绥化博物馆

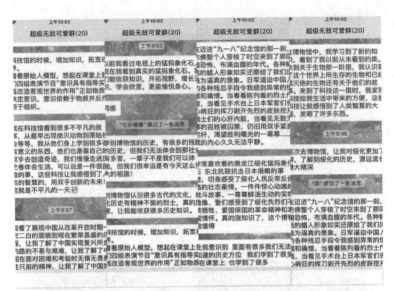

图 3-15 著者 2020 年秋冬季学期 2019 级计算机专业听障生参观绥化博物馆后的反馈

4.为其他同类院校的残障大学生思政课改革提供基本思路。为本成果奠定理论基础的一系列论文和研究项目，宣传了绥化学院思政课教学改革的效果。在中国知网上，《残障大学生思想政治教育途径新探索》一文被引用 5 次，《"三论式"教学模式在听障生思政课堂中的运用》一文被引用 1 次，《高校残障大学生心理健康教育开展的有效途径》一文被引用 6 次。

（八）基于残障大学生思政课教学"三个切入"的探索实践，进行保障体系方面的反思

要促进残障大学生思想政治教育实效性的进一步增强，就要立足于残疾学生的实际学习能力和身体心理特点，对他们所面临的实际问题进行综合考察，并从师生共情、加强师资培训、运用多样化的教学方法、优化课程内容几个方面，采取行之有效的解决措施，保障教师教育教学能力提升。

教师作为残障大学生思想政治教育工作的主角，只有通过自身的不断学习，获得先进的教育理念，才能正确引导学生，才能谈得上怎样探索有效的教学方法，如何教好学生的问题。学习永无止境，教师应树立终身学习、不断钻研的理念，不断给自身充电，经过系统的专业化培训，深入研究残障大学生的教学规律和教学方法。教师开展思想政治教育工作必须具备以下几个方面的基本技能。

一是掌握盲文和手语等基本技能。

手语是一种最容易接受的沟通方式，残障大学生从小就使用该种方式。而高等教育阶段的大学教师多为专业学科教师，上岗前往往经过短期培训，仅仅能用简单的手语进行交流，对于思想政治教育过程中复杂的语言表达需求很难应付，这就对师生之间的交流沟通造成了一定障碍，也对教学内容的准确传达的质量带来影响，进而给思想政治教育工作的有效开展带来制约。为了解决这个问题，需要思想政治教育教师突出学生的主体地位，苦练手语基本功，使自身的语言更加丰富。

二是具备本专业的相关知识和深厚的理论功底。

一个好的心理疏导，能切实地解决残障大学生的心理问题，培养他们的自信心，并在潜移默化中接受思想政治教育。由于身体残疾问题造成的心理问题，是残障大学生身上最突出的问题。所以，必须加强对思想教育人员的技能培训，丰富他们的心理学知识，使他们能够深入研究心理学和教育学，并在教学实践中，运用科学的理论知识指引，使自身教育能力和心理疏导能力不断提高，增强思想政治教育的实效性，在现实中担负起学生精神家园的构建者重任。

三是要有良好的职业操守和坚定的信仰。

很多残障大学生都终生不能自理和康复，作为思想政治教师，应用正确的价值观和人生观去引领他们，要用坚持不懈的信念做残障大学生的指路明灯，一路上倾注耐心、爱心，陪伴他们经历挫折、失败、奋起、成功以及成长的每一步，用信仰的力量战胜一切挑战，以切实解决残障大学生的心理问题。

四是提升教师共情素养。

在教育过程中，作为残障大学生思想政治的教育者，教师的育人能力非常关键，而"育人"能力的重要组成部分，则是共情能力。目前，高校很少针对教师进行专门的共情培训，即便是培训教师心理方面的知识，也有着比较狭窄的范围，仅限于思政课教师或者辅导员。而事实上，大学生有着复杂多变的思想，其思想的彻底转变，仅仅依靠几次师生谈话是不切实际的。所以共情的培训范围应包括高校全部教师。因为教师的言语和日常行为都会影响残疾学生，只有运用共情力，提升教师的共情素养，才能真正提高残障大学生思想政治教育的实效性。

残障大学生是思想政治教育的主体，作为受教育者，若其自身存在轻视心理，不能很好地配合思想政治工作，就会降低思想政治教学的实效性。同时，如果大学生不懂得共情，不善于与他人友好相处，则会影响日常的人际关系，导致他们常会由于一些日常琐事和同学产生矛盾。所以，教师要有意识地培养残障大学生的共情意识，引导学生学会换位思考，能设身处地为别人考虑，提升学生的综合素养，能将共情意识向共情行为转化。例如，教师在课堂上可采用角色扮演法，通过角色对调、设置情境等活动形式，启发学生进行深层次的思考，能对他人的思想轨迹和立场进行切身感受，从而产生思想上的共鸣，在某些问题上达成共识。而在师生共情的情况下开展思想政治教育，会增强教育的实效性。

五是有效运用多媒体教学手段。

为了进一步提升残障大学生思政课的教学实效性，需要充分发挥思想政治教育主渠道的作用，加强课程思政建设，将每门课中蕴含的思想政治教育素材充分挖掘出来，紧密结合能力培养、价值引领和知识传授，真正实现"双轮驱动"的全员育人的良好局面。以专业课为例，在传授专业知识的同时，还要培养残障大学生的创新精神、工匠精神。针对残障大学生最关心的就业问题，与教学实际相结合，改革课程体系，对教学进行优化。新媒体时代，残障大学生往往更加依赖电子产品。根据这个特点，教师在思想政治教育中，要充分发挥新媒体技术的优势，抢占"互联网＋特殊教育"的信息化高地。通过深度融合信息技术、辅助技术与课程，运用新媒体，开设 QQ 交流群和微信公众号等，对学生关切的问题及时回应，将教学信息快速传递，由此提高教学的有效性。

六是紧密衔接第一、二课堂，开展实践教学的能力。

首先，高校思政教学应根据残障大学生的实际需要，有效延伸课上教学，紧密衔接第一、第二课堂，打造残障学生社团。通过社团开展课下学习和交流，实现课上和课下的联动，构建课下学习的长效机制，对宗教化倾向有效预防，以增强思政教学的实效性。其次，构建课下辅导的导师制，作为思想政治工作者，应深入残障学生中，了解他们的实际情况，构建良好的师生关系，为他们切实解决现实问题。在残障大学生思想政治教学中，还要与教学内容相结合，开展丰富的实践活动。要结合条件范围内可利用的教育资源，像革命地、博物馆、文化馆、爱国主义教育基地等都要有效运用起来，结合教学内容有机融为一体，在实践中增强对理论的领悟和认知，然后，再组织学生在课堂上讨论，不断提高残障大学生的逻辑思维能力和语言表达能力。除此之外，还要有机结合实践教学和社团活动，培养学生解决实际问题的能力。

部分听障生实践作业

1.剪纸形式：

图 3-16　著者 2018 级电子商务专业听障生思政课实践作业

图 3-17　著者 2018 级电子商务专业听障生思政课实践作业

2. 绘画形式：

图 3-18　著者 2018 级电子商务专业听障生思政课实践作业

图 3-19　著者 2018 级电子商务专业听障生思政课实践作业

3. 手抄报形式：

图 3-20　著者 2018 级电子商务专业听障生思政课实践作业

图 3-21　著者 2018 级电子商务专业听障生思政课实践作业

图 3-22　著者 2018 级电子商务专业听障生思政课实践作业

图 3-23　著者 2018 级电子商务专业听障生思政课实践作业

图 3-24　著者 2018 级电子商务专业听障生思政课实践作业

图 3-25　著者 2018 级电子商务专业听障生思政课实践作业

图 3-26　著者 2018 级电子商务专业听障生思政课实践作业

七是优化整合教学内容的能力

一方面，要积极推动专题教学。在思政课教学中，要与残障大学生的实际知识水平和教学目标相结合，针对教学内容适当性开展设计，增强教学的实效性。依照残障大学生抽象思维能力欠缺的现实情况，尝试设置更加贴切的教学情境。比如，可以在教学素材中尽量考虑残障大学生的成长经历，选取其亲身经历或目睹的事实，增强代入感和认同感。或者用摄像机录制听障生的日常生活片断，在课堂上播放，这样既活跃了课堂气氛，还能帮助他们判断自身的行为是否与相关的道德规范相符。

另一方面，课程内容要由难化简。首先，教师在实际教学中，要将教材内容与教学内容的关系妥善处理好，使教材体系转化为课程体系。其次，以教材内容的充分掌握为前提，对教材体系进行整编，最终的教案内容要真正做到从简到难、由浅入深地呈现。残障大学生往往有着比较大的心理压力和较低的理解能力，教师应根据这个特点，对教材内容进行有针对性的筛选，采用通俗化的教学内容，尽量让学生听懂、学会，使教学更具针对性。最后，与学生的学习过程和教学过程相结合，编写残障大学生的思政专用教材。

第四节　更新残障大学生思想政治教育教学理念

坚持以明确课程定位为先导，以立德树人、铸魂育新人为目标，有组织、有计划地推进残障大学生思想政治理论课的教育教学实践探索，明确课程定位，不断努力提高教学质量，初步形成专题教学基础上的"3+3"模式的课程教学特色。

一、明确课程定位

把讲好思想政治理论课作为重大政治任务，认真落实工作要求，通过集体备课凝聚智慧，积极探寻符合大学生学习特点和知识结构的教学方式，坚持发挥教师在教学中的主导作用，突出学生在教学中的主体地位，注重学生的差异性，突出针对性，理论联系实际突出时代感，尤其是把思政课的中国实际和当代世界实际紧密联系起来，避免空洞的理论说教，引领学生紧密联系新时代中国特色社会主义生动实践，在知行合一、学以致用上下功夫，尊重教育教学规律和人才成长规律，努力打造样板、铸造精品，不断推进用学术讲政治的教学改革，全面提升教学质量和水平。

二、探索"3+3"教学模式

积极探索"三贴近"和"三大模块"的"3+3"教学模式。"三贴近"即要贴近社会发展实际、贴近学生生活实际、贴近学生思想实际，这是当前思政课努力追求的方向，其宗旨是在保证教学内容的政治性、学理性的同时，努力做到知行合一，让理论知识不再生涩枯燥和脱离现实。在课程学时分配上用24学时进行理论讲授，用8学时开展形式多样的实践教学活动。

"三大模块"是指包括理论教学模块、能力训练模块、实践能力培养模块在内的贯穿于教学过程的组织模式。

首先，理论教学模块主要注重教学内容的设计完善，探索适合地教学方法，尝试"专题式教学""问题链教学"、注重教学效果。其次，能力训练模块主要采用沉浸式互动模式，在课堂讨论、交流环节的有效性方面展开探索，注重培养学生的表达交流能力和辩证思考能力，通过开放式教学，不断提升课堂教学的实效性。最后，实践能力培养模块主要依托相关的实践基地，进行特色实践学习，鼓励学生个性化学习，指导学生自主设计，通过撰写论文、社会调查报告、书法绘画、短视频等多样化的实践学习方式，体现学生的学习认识和学习收获，提升学生分析问题和解决问题的能力，进而提升其思想道德品质。

三、运用多样化的教学手段，突出"动式"教学法

教研团队老师要不断探索新的教学方法，通过问题链教学法、研讨式教学法等突出"动式"教学特色，增强教学效果。

（一）探索多样化的教学方法

1. 有效运用多媒体教学手段

为了进一步提升残障大学生思政课的教学实效性，需要充分发挥思想政治教育主渠道的作用，加强课程思政建设，将每门课中蕴含的思想政治教育素材充分挖掘出来，紧密结合能力培养、价值引领和知识传授，真正实现"双轮驱动"的全员育人的良好局面。以专业课为例，在传授专业知识的同时，还要培养残障大学生的创新精神、工匠精神。针对残障大学生最关心的就业问题，与教学实际相结合，改革课程体系，对教学进行优化。

2. 紧密衔接第一、二课堂

首先，高校思政教学应根据残障大学生的实际需要，有效延伸课上教学，紧密衔接第一、第二课堂，打造残障学生社团。通过社团开展课下学习和交流，实现课上和课下的联动，构建课下学习的长效机制，对宗教化倾向进行有效预防，以增强思政教学的实效性。其次，构建课下辅导的导师制，作为思想政治工作者，应深入残障学生中，了解他们的实际情况，构建良好的师生关系，为他们切实解决现实问题。

3.加强实践教学

首先，在残障大学生思想政治教学中，还要与教学内容相结合开展丰富的实践活动。其次，要充分挖掘现有条件下的教育资源，尤其是对当地的红色文化或非物质文化遗产进行充分运用，依照教学目标，结合实际教学内容，将实践资源恰当地融入实践教学，引导学生产生更好的感悟和认知，并在这一基础上，再组织学生进行充分的课堂讨论，不断提高残障大学生的逻辑思维能力和语言表达能力。最后，还要有机结合实践教学和社团活动，培养学生解决实际问题的能力。

4.积极推动专题教学

在思政课教学中，要与残障大学生的实际知识水平和教学目标相结合，确定与之匹配的教学内容并进行精心设计，突出教学内容的针对性，尽量将选取内容代入适合的教学情境，将教学素材融入残障大学生亲身经历或目睹的事实中，以引起学生共鸣，并找到认同感。或者用摄像机摄制听障生的日常生活片断，并在课堂上播放，这样既活跃了课堂气氛，还能帮助他们判断自身的行为是否与相关的道德规范相符。

5.课程内容由简入难

首先，教师在实际教学中，要将教材内容与教学内容的关系妥善处理好，使教材体系转化为课程体系。其次，在吃透教材的基础上，准确把握课程内容如何梳理方能从简到难，这里要重点强调的是，这一过程是基于对教材体系完全了解、烂熟于心的。残障大学生往往有着较大的心理压力和较低的理解能力，教师应根据这个特点，对教材内容进行有针对性的筛选，采用通俗化的教学内容，尽量让学生听懂、学会，使教学更具针对性。最后，与学生的学习过程和教学过程相结合，编写残障大学生的思政专用教材。在编写前要整体梳理教材，结合残障学生的实际教学，优化教材内容，有针对性地进行取舍，使教材编写方案更具科学性和条理性。

（二）通过问题链教学法突出教学重难点

以解决问题为主线，并使之贯穿教学全过程，而增强实效性、针对性是首选的教学方法；抓住所讲内容的主要矛盾，引导学生自主发问，围绕教学目标，和学生共同梳理出专题目录（即共同提出的问题），在授课中抓住重点、难点问题，而非面面俱到地罗列和讲解，以主要问题形成的问题链牵引课堂，用思考和回答问题的逻辑唤醒学生，澄清最初环节提出的思想困惑，最终深化教学内容，把问题作为教学的起点，尊重教学规律和学生的认知规律；选择问题突出指向性，避免随机和随意性；突出问题的逻辑性，围绕一个教学主题，分层次细化、分解教学主题，从而形成一个问题链，即内容相关、层次分明、逻辑递进，并环环相扣、层层递进，随着教学过程的展开，逐步展现理论的逻辑性，激发学生理论学习的好奇心和求知欲。

以《中国近代史纲要课》为例，在专题一《列强侵略与中国人民的抗争》第一目"鸦片战争与近代中国社会的转折"中就可以做如下问题链的具体设计。

【导入新课】中华民族历史悠久，创造过灿烂的古代文明，并长期处于世界领先地位。但到了鸦片战争前夜，中国的封建主义在各个方面都与新兴的西方资本主义国家拉开了很大的差距。

1.鸦片战争与近代中国社会的转折

（1）鸦片走私与林则徐禁烟

19世纪上半期，英国成为最强大的资本主义国家。为了开辟国外市场、推销工业品、掠夺廉价的工业原料，英国把侵略矛头指向中国。那时候，英国向中国输出呢绒、布匹，但很难卖出去，相反，它要从中国购买大量茶叶、生丝、瓷器。在中英两国贸易中，许多白银流入中国。后来，英国发现，从事毒品鸦片的贸易，可以牟取巨大利益，就向中国走私鸦片。

【提出问题】鸦片走私给中国带来了什么严重危害？

鸦片的输入，给中华民族带来了深重的灾难。许多白银流入英国，加剧了中国的贫弱；鸦片还严重摧残吸食者的体质，许多官员、士兵吸食鸦片，导致政治腐败和军队战斗力削弱。

那时，清朝有见识的大臣林则徐上书道光帝，请求严禁鸦片。他沉痛地指出："如果不赶快禁烟，几十年后，恐怕没有能作战的士兵，也没有充作军饷的白银了。"道光帝感到问题严重，就派林则徐到广东禁烟。1839年6月3日，林则徐把缴来的鸦片，集中在虎门的海滩上，公开销毁。他命人在海滩高处，围起栅栏，挖下长宽各十五丈的两个大池子，灌入海水并放进生石灰，待生石灰将池水煮沸后，投下鸦片，鸦片就渐渐销毁。每天投进鸦片几百箱，经过二十多天，到6月25日，才销毁完毕。虎门销烟是中国人民禁烟斗争的伟大胜利，显示了中华民族反抗外来侵略的坚强意志，我们要学习林则徐敢于斗争的爱国精神。

2. 英国发动鸦片战争

鸦片走私受到中国抵制，英国政府决定发动侵略战争。1840年6月，英国舰队开到广东海面，进行挑衅，鸦片战争爆发。清军节节失利，英舰到达南京长江江面，清政府被迫派人向英军求和。1842年，英国侵略者强迫清政府签订了《南京条约》，这是近代中国第一个不平等条约。

《南京条约》规定：割香港岛给英国；赔款2100万银元；开放广州、厦门、福州、宁波、上海五处为通商口岸；英商进出口货物应缴纳的税款，中国须同英国商定。

【互动问题】为什么说鸦片战争是中国近代史的起点？鸦片战争以后中国发生了哪些变化？

通过一系列不平等条约，英国等西方列强在中国获取了大量特权。中国丧失了完全独立自主权，社会性质开始发生变化。中国开始从封建社会逐步沦为半殖民地半封建社会。随着近代中国从封建社会逐步沦为半殖民地半封建社会，中国社会的阶级关系也发生了深刻的变动。原有的阶级——旧的封建统治阶级（地主阶级），旧的被统治阶级——农民阶级也发生了变化、分化，更重要的是产生了新的阶级——工人阶级和资产阶级。随着外国资本主义的入侵，中国的社会主要矛盾也发生了变化。战前中国社会的主要矛盾是封建主义与人民大众的矛盾；战后，帝国主义与中华民族的矛盾成为中国社会的另一个主要矛盾。争取民族独立、人民解放和实现国家富强、人民富裕成为中国人民的双重历史任务。中国革命从此进入一个新的时期，即反帝反封建的民主革命时期。中国逐渐开始了反帝反封建的资产阶级民主革命，而不是单纯的反封建斗争。因此，鸦片战争成为中国历史的转折点，鸦片战争成为中国近代史的起点。

3. 中国社会的半殖民地半封建性质

【提出问题】如何理解半殖民地半封建社会的含义？

半的含义就是不完全的意思。两个半，不是简单的数量概念，不是占50%或60%，而是性质的变化。半殖民半封建是统一的整体，表示两层含义：其一，独立的中国逐步变成半殖民地的中国；其二，封建的中国逐步变成半封建的中国。

半殖民地是由于外国入侵，中国已经不是完全独立的，但是仍然维持着独立国家和政府的名义，还有一定的主权，它与连名义上的独立也没有，而由殖民主义宗主国直接统治的殖民地还有区别，因此被称作半殖民地。

"半封建"是就社会经济形态而言，外国入侵导致中国封建经济解体，中国开始出现资本主义生产关系。中国的经济既不再是完全的封建经济，也不是完全的资本主义经济，而是半殖民地半封建的经济了。

中国半殖民地半封建社会的基本特征：

（1）帝国主义侵略势力不但逐步操纵了中国的财政和经济命脉，还逐步控制了中国的政治，日益成为支配中国的决定性力量。

（2）中国的封建势力日益衰败并同外国侵略势力相勾结，成为资本—帝国主义压迫、奴役中国人民的社会基础与统治支柱。

（3）中国自然经济的基础虽遭到破坏，但是封建剥削制度的根基即封建地主的土地所有制依然在广大地区内存在着，成为中国走向现代化和民主化的障碍。

（4）中国新兴的民族资本主义经济虽已产生，并在政治、文化生活中起了一定的作用，但是在帝国主义和封建主义的压迫下，它的发展很缓慢，力量很微弱。

（5）由于近代中国处于帝国主义列强的争夺和间接统治之下，加上在地方性农业经济的基础上形成的地方割据势力的存在，近代中国各地区经济、政治和文化的发展是极不平衡的。

（6）在帝国主义和封建主义的双重压迫下，中国的广大人民尤其是农民日益贫困化以至大批地破产，过着饥寒交迫与毫无政治权利的生活。

这里的半殖民半封建的基本特征，是逐步加深、逐步形成的，是有过程的，并是不随着《南京条约》的签订立即形成，是一步一步形成的。

（三）通过研讨式教学培养学生探究性学习的能力

通过设计研讨问题，让学生在参与问题研讨的过程中激发兴趣，培养学生的思辨能力，通过拓展知识开阔学生的学习视野，设计以阅读、启发、研讨为主要方式的探究环节，形成学生之间的合作关系，突出学习过程的实效性。每次组织研讨教学时，都需要教师提前精心策划，认真设计研讨主题，确定代表不同意见的发言小组，"扮演"不同的角色。在学生讨论时，教师要会倾听、善引导，不要轻易否定学生意见。对学生表现出的正确认识和独到见解要及时给予充分肯定，对模糊的错误认识要加以明确引导和纠正。课堂讨论的主旨不是要拿出一个唯一正确的结论，而是要激发学生进行主动的思考，培养其审时度势、明辨是非、积极进取、勇于探索的能力和精神。在进行课堂讨论时，老师要善于掌控讨论过程的节奏、进程和局面，创设一种自由、宽松、愉快的学习氛围，引导学生围绕研讨主题认真思考、自主设计、平等参与，发表自己的观点，在互相提问，出现质疑时，教师适时引导学生深入思考，形成共识。实践证明，研讨型教学充分调动了学生学习的积极性，活跃了课堂气氛，锻炼了学生的语言表达能力，增强了思政课教学的说服力和实效性，受到学生的普遍欢迎和好评。

教学相长，共同进步。改变传统的单一性灌输式课堂教学形式，充分调动学生参与教学的积极性和主动性，教师要有换位思考意识，站在学生的角度设计研讨问题，培养学生自主解决问题的能力。在教学过程中，问题意识十分重要，从某种程度上说，教师在课堂上的任务就是要带动学生寻找问题，并引导学生努力思考，解答问题，尽力使学生"无疑时导其有疑，有疑时则导其解疑"，最终在解决问题的过程中收获知识，感悟真理。因此，课堂教学实际上是一个问、思、答的过程，其中，"思"的环节很重要，要留给学生思考的时间，让其多做尝试，并顺"思"利导，将其导向正确的思路，从而使其学得扎实，思得辩证，问得深刻，答得透彻。

通过开展"动"式教学，有效调动了学生参与教学的积极性和主动性，帮助学生深刻领会和理解马克思主义和中国特色社会主义思想的重大意义、丰富内涵、核心要义、精神实质和实践要求，实现了引导学生深刻把握马克思主义的立场、观点、方法。

四、实施过程化考核

结合课程特点，对学生学习成绩的评定和考核突出过程性考核，主要做法是将平时考核成绩与期末考试成绩相结合。其中，平时成绩占总成绩的30%，期末考试成绩占总成绩的70%。平时考核主要包括学生学习出勤表现、互动研讨中的交流发言、实践环节的表现等。对听障大学生学习的多个环节进行考核，并设置不同于健全大学生的考核标准，主要目的是要培养听障大学生的自主学习能力，努力实现知、情、意、行"四位一体"的教育教学实效。

五、打造教学科研型师资队伍

在组建残障大学生思想政治理论课教研团队时，就明确了这支队伍承担课程教学、理论研究和宣讲工作的任务要求，所以，在教学过程中也在努力把科研和教学有机结合起来，充分发挥科研对教师授课的重要促进作用，不断提高教师对教学内容的讲授和阐释能力，探讨改进教育教学的方式方法。同时，在教学中，注意把课程中的知识点和理论发展前沿有机结合起来，使学生加深对教学内容的理论概念的深度理解，老师与学生在分享研究思路和方法的过程中，能够培养学生分析问题、解决问题的能力。另外，教师在科研工作中形成的创新意识、实践精神、独立探索的自觉性能够通过言传身教有形无形地影响学生，在学生成长过程中充分发挥引领作用。

六、教学反思

一是强化问题链教学，实现变"硬灌输"为"软渗透"。要深化教学内容研究，运用问题链教学更好激发学生的探究欲，引领学生在思考问题、解决问题的过程中掌握好理论要点。

二是要结合教学内容，科学用好现代化技术设备，激发学生参与学习的积极性和主动性，发挥好现代化教学手段的有利条件，在科学设计教学内容、合理运用教学方法方面下深工夫。

今后我们还需要深入研究教学内容，打铁还需自身硬，要不断提升教研团队的整体理论研究能力，不断提高理论素养，持续深化教学改革，继续探索多样化的教学手段和教学方式，提升课程设计水平。同时，还要关注社会热点问题，实现课程内容与时俱进，增强课程教育教学的实效性。

第五节　重视残障大学生的心理健康教育

浇树要浇根，育人要育心。心理健康教育对残障大学生的身心调节有着重要意义。目前，残障大学生中出现的很多问题均与心理问题直接相关，心理健康教育工作也越来越引起学校、家庭和社会的普遍关注。著名的心理学家西塞罗曾说："心理的疾病比起生理上的疾病为数更多，更为激烈。"在教育中要加强对残障大学生心理健康问题的引导，只有这样，教育才会实现其调动和激发学生热爱社会、努力向上、奉献社会的积极性，进而推动社会文明的不断进步。

对于处于青年时期的残障大学生来说，由于面对着来自学业、恋爱、就业以及准备适应社会等多方面的压力，比成长的以往阶段更容易遇到挫折、失败的考验，如果不能及时进行倾诉或找到排解的出口，心理压力日积月累就会影响他们的正常生活，甚至出现过激行为。客观来说，心理问题对于残障大学生的影响程度要比普通大学生更为严重。所以，重视残障大学生的心理健康教育，通过适当、科学的心理调节训练，帮助他们正确面对现实，面对自我的心理问题，积极进行自我心理调适，塑造健康的人格，以更好的精神状态发挥主观能动性，适合社会环境，朝着自己的理想目标努力迈进。

一、残障大学生心理健康问题产生的主要原因

1. 成长环境因素。大多数残障大学生在成长过程中会因身体残疾使交往范围受到限制。一般来说，交往圈子狭窄，周围社会环境与普通人不同，就会自然而然地形成孤僻、自卑等性格特征。这些性格特征在各类残障人士中都比较常见，也是导致很多残障大学生心理健康问题产生的重要原因。

2. 家庭教育因素。家庭教养方式对残障大学生的心理健康有着相当大的影响，不少残障家庭的家长会因为孩子身体有缺陷而产生过度溺爱的行为，也有少数家长采取严厉粗暴的教育方式，这都会给孩子心理健康造成很大危害。实

践证明，在溺爱中成长的孩子，性格中常常会形成压抑、意志薄弱、胆怯、迟疑、情绪稳定性差、抗挫折能力差、感情脆弱等问题。

而严厉粗暴的教养方式易导致孩子变得自我为中心，形成淡漠、压抑、自卑、孤僻等不良心理。

3.学校教育因素。在学校教育中，教师的教育方法十分重要。一方面，教师如果忽略残障大学生的个体特点，就无法真正走进他们的心里，这就需要教师有耐心地与他们交流，但有时如果运用的教育方法不当，会使残障学生不能正确领会教师的苦心，达不到理想的效果。另一方面，有些教师采用简单、粗暴的教育方法，会直接严重损伤残障大学生的自尊心，使他们变得冷漠对立、消沉退缩，这也严重影响了残障大学生的心理健康。由此，教师要树立以残障大学生为本的教育理念，充分尊重和保护他们的人格尊严，多给予他们一些鼓励和赞扬，让他们的心理因照进阳光而健康成长。

4.社会舆论因素。在一个社会中，大众用什么样的观点和态度来看待残障人士，已经成为衡量社会文明和进步的重要标志。一些不正确的态度和行为往往使残障人士被排斥于社区活动、教育文化和社会生活外。很多民众不能从公平视角看待残障人士，认识不到残障人士参加正常社会生活的潜在力量，这不利于推动残障人士与其他社会群体融为一体。由于这些障碍，残障人士往往很难或无法与他人建立密切的和亲密的关系。现实中，还有不少残障人士不但被排挤于正常社会生活外，而且实际上是被拘围于安养机构之中。残障人士在必要时缺乏实际上的情感上的支持，在心情抑郁时无人倾诉，在面临重大事情时无人商量，这些都成为影响残障人士心理健康的重要因素。

二、完善残障大学生相关的心理辅导

以动态、广泛的调研资料为依据，对残障大学生思想政治教育工作进行实事求是的调查，是残障大学生思想政治教育顺利开展的前提与基础。我们在调研残障大学生思想政治教育开展的现状过程中发现，当前对残障大学生的心理特征研究得还很不够，虽然有学者对残障大学生的心理特征和人格特质进行了一些有益的研究，但这些研究还存在一些不足，主要问题在于大多是从心理学的范式进行研究，研究视角太窄，研究样本太小，研究对象往往限于某个特殊教育院校的几十个残障大学生，研究结论缺乏普遍性。分类研究较多，不同残障大学生心理特征和人格特质的比较研究较少，研究结果经常相互矛盾，有鉴于此，我们有必要对残障大学生的心理特点进行全面的监测和研究，以广泛地调查研究作为依据，动态跟踪建立起心理监测系统，并依据具体数据开展分析，探究各类残障大学生的心理特点以及影响因素，不断得出规律性总结，为党和政府制定残障大学生思想政治教育政策提供决策依据。残障大学生心理监测系统可以在教育行政部门的协调下，先在一些主要高等特殊教育院校启动，在条件成熟时，逐步将所有招收残障大学生的普通高等院校纳入监测体系，实现监测系统的全覆盖，从而推动残障大学生思想政治教育工作的有效开展。

在事物的发展中，内因起着决定性作用。残障大学生教育工作者首要关注的问题是如何提高残障大学生的心理素质，提升他们的学习效率。学校的心理咨询机构要定期定点地为残障大学生进行心理测量和咨询，帮助残障大学生立足当前，积极开展自我心理调适，预防不良行为的发生。因此，残障大学生心理健康问题是高校工作者的一项重要工作，注重培养残障大学生的自我意识、自我认可、自我接纳和自我欣赏，不断强化其自尊、自立、自信的信念，帮助其构建健康的心理世界和精神世界，促使他们积极追求知识，发展自我，从而真正让残障大学生自卑、孤独、抑郁等心理问题得到很好的解决，提升残障大学生适应高校和社会的能力，建立健全他们与正常人之间良好的人际关系，促进其人格的正常发展，让他们能积极面对社会。为此，一方面，我们要加强残障大学生的心理健康指导，帮助残障大学生正确对待身体的残疾，并能够进行积极的心理调整，同时，尽力为残障大学生创造接触社会的机会，增长他们的见识，磨炼他们的意志；另一方面，我们要帮助残障大学生家庭创造良好的教育氛围，针对有些残障大学生家长对孩子的一味怜悯、溺爱，而忽视生活能力训练等问题，要积极开展咨询和培训指导，使残障学生能得到良好的训练和教育，能够充分发挥他们的潜力。具体来说，可以在以下几方面下功夫。

1.建立自信，消除自卑。一是帮助残障大学生正确认识自我、评价自我。一个心理健康的残障大学生应该能正视自己的生理残疾，对自己有比较全面的了解，并清楚地知道自己的优缺点。这样可以让他们明白自身残疾既有不同于正常大学生的"特殊性"，也有和其他残障大学生没有什么区别的"非特殊性"，进而能认识到通过努力，自己同样能够很好地生活。二是用名人的事迹对残障大学生进行感化与激励。可以通过开报告会或主题班会，开展与残障名人励志成才相关的宣讲活动，让残障大学生学习残障名人身残志坚的精神，激励残障大学生自强不息。三是组织残障大学生参加各种力所能及的活动，让他们在实践中切身体会到成就感，发现自身的价值，增强自我认同感。

2.爱心感化，消除郁闷。一些残障大学生常常存在自卑心态，内心世界相对封闭，他们更需要学校和老师在日常生活多走近他们，多关心他们，多了解他们，以亦师亦友的身份及时帮助和解决生活中的困难，从每个残障大学生的个人特点入手，要有针对性和时效性，让残障大学生体会到真情，在学校里找到归属感，对学校、老师、同学充满感情，继而对社会、对祖国充满感情。同时，在这样的交往环境中才会心情舒畅，才会消除自卑带来的郁闷感。

3.学业指导，挖潜增能。首先，在学业指导过程中，要充分挖掘每个残障大学生的个人潜力，引导他们清晰把握自己的学习目标，让他们明白读书除了能够实现自我人生价值外，还能够带来社会价值，要把个人价值的实现同社会价值的实现结合起来。其次，在指导残障大学生学好专业课的基础上，还要善于发现并培养其优点和特长，通过对残障大学生潜力和特长的开发，一方面能够提高他们的个人能力，使其尽可能地得到全面发展，为将来就业和美好人生打下良好基础；另一方面，根据残障大学生的特长对其进行鼓励和赞美，会使残障大学生得到鼓舞，有助于减弱甚至消除其自卑心理，建立自信。

4. 自立自强，消除依赖。根据残障大学生的实际情况，为他们安排力所能及的工作，引导其独立处理事情，最大限度地料理自己的生活，培养残障大学生的生存能力。"天生我材必有用"，相信自己的存在对社会、对人民有价值、有意义，能从自己的实际出发树立远大理想，提出切实的生活目标，并为之奋发努力，把自己锻炼成为对社会有用的人，这能够使残障大学生在内心产生自信，意识到自己是社会的一员，充分发挥自己的特长就能够为社会作贡献，从而逐渐消除在生活和学习中对他人的依赖。

5. 拉近距离，消除逆反。教育要讲方法，开展心理健康教育工作更是如此。残障大学生与常人之间有一道天然的屏障，很难打破，在进行心理辅导的过程中，我们切不可以强势的方法进行直接的说教，而是要从生活的细微处，细心、耐心地关注残障大学生的生理变化和心理感受，并给予及时的调适和帮助，潜移默化地走进残障大学生的内心，拉近与他们的距离，消除逆反心理。

6. 融入集体，消除孤独。在充分了解残障大学生生理、心理特点的基础上，创造让他们参与集体活动的机会，培养他们热爱集体、顾全大局的意识，在集体活动中，要适时引导他们在生活在中既要尊重自己，也要尊重别人，考虑大局，学会合作。引导他们不但要与同类残障人士交往，也要乐于同健全人交往，能与周围人保持良好的人际关系，对教师、长辈有礼貌，对比自己还困难的群体要富有同情、尊重、怜爱和帮助之心。实践证明，一个能够热爱集体的残障大学生，他的心态往往是积极的，情绪是稳定的，他会带着轻松愉快的心情去学习、生活，在集体中他会最大限度地发挥自己的作用，消除孤独感。

7. 走出校门，适应社会。教育的最终目的是让残障大学生回归社会、适应社会。所以在开展学校教育时，我们也不能固步自封，要创造机会打开校门，大胆地让残障大学生在进行社会实践，体验社会的同时，还可以扩大自己的生活圈子，增加社交机会，学会交往，了解社会，适应现代社会生活，逐渐消除由于环境封闭而产生的恐惧心理。学校可以组织开展多种社会公益劳动和社会实践活动，开辟校园社会广角，增加与外界信息的交流，拓展生活空间。如广大爱心人士开展与残障大学生"一助一"活动，与其他普通学校结对子，让残障大学生走出孤独，扩大社交范围，增强对生活的信心，使其对社会有更深切的体验，进而改善自我，提高心理素质。

三、发挥校园文化的引领作用

外因作为事物发展变化不可或缺的条件，有时甚至对事物的发展起着重大作用。积极健康的校园文化是培育残障大学生心理健康的重要外在条件。因此，在开展残障大学生德育教育的过程中，要充分利用学报、校刊、网络等手段，配以课外活动营造积极、健康、高雅的关注残障大学生的文化氛围，加强校园文化的导向作用和凝聚作用，形成良好的校风，在此基础上，学校借助各种宣传手段，在残障大学生中广泛宣传心理健康的相关知识，唤醒残障大学生对自身心理健康问题的重视，尤其是在发现自身心理健康出现状况时能够引导其快速找到解决问题的有效通道，畅通残障大学生自我心理救助的渠道，使其知道去何处求助、如何求助、能得到什么样的帮助等。此外，可以开展以"关爱"为主题的互帮互助、共同提高的活动，提倡全校同学之间、师生之间的互相关心、团结友爱以及互相帮助，让残障大学生感受到集体的温暖，逐渐形成健康向上、宽松和谐的氛围，使残障大学生从中得到熏陶和感染，并在促进个体和谐发展的同时，进一步推动良好校园文化氛围的形成。

四、提供就业辅导，帮助残疾人融入社会

选择迈入高等学府的残障大学生相对来说都有着上进的心态，其容易产生的心理问题大多源自对未来就业和融入社会等方面恐惧带来的压力，因此，开展残障大学生心理健康教育首先要从观念入手，深入了解残障大学生的思想动态，根据不同残障大学生的实际情况确定学习目标，设定好职业生涯规划，让其对学习产生持久的动力；要善于挖掘不同残障大学生的特长，在实际教学过

程中有针对性地设计教育情境，为每名同学提供施展才华的机会，提高其对自身价值的认同，进而转变思想，使其在接受自身身体缺陷的同时，鼓励其摆脱不良的自卑心理，增加自身在未来社会中生存的信心，找到自身的生存价值。这些都需要教育者因人施教，在日常生活中针对不同残障大学生的个体差异，为其搭建展开自我和与他人交流的平台，使残障大学生在社交中不断融入集体、深入了解社会，满足其精神需求。由此，全社会都要为残障大学生学习、就业创造更好的条件。我们要对残障大学生进行就业指导，并向社会大力推荐他们。虽然《残疾人保障法》早就规定每个企事业单位都有义务安排一定比例的残障人士，但由于执行情况不是很好，残障毕业生的就业仍然是一个老大难。学校一方面要加强对残障大学生的专业学习和就业指导；另一方面就是要多向社会呼吁，保障残疾人权益，帮助残障人士安排工作，让他们自食其力，有稳定的生活保障，别让他们心中自强不息的火种熄灭。学校要耐心地向用人单位解释和推销，要让用人单位明白，其实有很多行业的工作是残疾人完全可以胜任的，给他们提供一个机会，他们会更加珍惜，更加踏实、勤恳、认真、努力地去做，甚至可能会比正常人做得更加出色。这样做既可以减轻残障大学生的心理负担，同时，又能尽各种努力增进正常人与残障大学生的相互了解，使正常人正确对待残障大学生，向他们伸出友爱之手。

五、创新囊括家庭教育在内的课程体系

在残障大学生课程体系的设置中要考虑开设有关心理健康教育的多元化课程，多元化的人才培养目标的确立，也对过去单一课程体系提出了新的挑战和要求。针对当前新的社会发展变化形势，在现有理论教学的基础上，增强与社会、家庭的关联。比如，有关残疾人法律的相关理论及其社会实践环节、残障大学生职业技能的相关理论和社会调查等，尤其是要增强家校合作，发挥家庭教育功能，家庭作为社会的细胞，在残障大学生思想行为健康发展中发挥的作用不可小视，但就当前来说，很许多残障大学生家庭成员也面临着很多的压

力，他们自身也需要心理方面的救助，这需要高校残障大学生工作者加强与残障大学生家庭的关联度，帮助残障大学生的父母正确看待子女的生理残疾，用积极的心理态度来教育自己的子女，克服焦躁情绪，消除自身羞愧的感觉，抛开过去在别人面前矮一截的负面情绪，给孩子搭建良好的外部环境，树立良好的榜样。因此，高校的课程体系中可以针对残障大学生的家庭成员，通过开设形式多样的心理健康宣传教育课程，比如通过线上的直播课程或者相关的网站建设，加强残障大学生家长对心理健康知识的了解，帮助家长使用更加恰当的方法和技巧来教育孩子，实现更加流畅的家校合作，共同关爱残障大学生的心理健康。

综上，为更好地促进残障大学生的身心健康发展，可以在以下几个方面的工作中多提供相关支持。

1. 提供特殊教育支持：为残障大学生提供专门的教育资源和设施，以及专业的教育人员和教育方法，以帮助他们克服学习困难。

2. 增强自信心：鼓励残障大学生参与各种集体活动和交流活动，并给予他们积极的反馈和鼓励，以提高他们的自信心和自尊心。

3. 提供社交支持：为残障大学生提供社交支持和机会，例如组织社交活动和提供社交技能培训，以帮助他们建立社交网络和增强社交能力。

4. 提供就业支持：为残障大学生提供就业指导和支持，例如提供职业培训和实习机会，以及与雇主建立合作关系，以帮助他们找到合适的工作。

5. 提供心理支持：为残障大学生提供心理支持和咨询，例如提供心理辅导和咨询服务，以帮助他们应对心理压力和增强心理健康。

对于处在青年时期的残障大学生来说，其成长过程还要经历多种历练，他们必不可少地要面对未来生活、学习、恋爱、就业等过程中的诸多挫折或不尽如人意的事情。按照残障大学生特有的心理特征，这些问题日积月累就有可能成为严重隐患。高校教育工作者通过多种行之有效的心理健康教育途径，加之耐心引导与教育，帮助残障大学生进行正确的人生定位，引导残障大学生学会进行科学的心理调节训练，主动进行自我心理调适，敢于接受新的环境，甚至主动去改造环境，向着人生的理想目标不断迈进，收获真正的成长。

第六节　推动残障大学生课程思政与思政课程同向同行

残障大学生作为未来社会各行各业的从业人员，需要掌握并遵守人与人之间的道德准则和职业行为规范，由此，对未来从业的残障大学生进行职业操守方面的思想教育，可以通过在专业课中融入课程思政的内容，以注重继承传统伦理教化思想的合理内核为指导，基于现实的实践性，指向未来的职业性，开展专业伦理教育。这需要我们针对不同专业的残障大学生，在传授专业知识的过程中，明确将专业性职业伦理操守和专业伦理教育融为一体，给予其正确的价值取向引导，以此提升残障大学生的思想道德素质及情商。

一、残障大学生的课程思政要回归教育本初的伦理关怀性

教育的终极目标在于形成一种向社会输送合格人才的培养机制，而缺乏一定伦理素养、伦理品质的从业者，很难真正实现其社会职责，尤其是随着当前社会影响的日趋多元化，残障大学生社会化程度不断提高，主体意识不断增强，传统思想政治教育的模式和理念在一定程度上不足以满足现实需要，课程思政就成了大学生思想政治教育的有益补充。开展课程思想一方面是要对当下"工具理性"教育思潮与教育行为泛滥进行矫正，走出以往对人才评价上"重技能，轻品德"的思想误区，让"德才兼备"成为人才培养的主流观念；另一方面是向教育本初的伦理实行关怀性回归。借助专业伦理教育的开展，使道德规范落实到专业技能学习中，让未来从业的残障大学生学习如何正确处理专业实践中发生的伦理问题，学会在不同的情境中批判性地思考问题，通过道德分析和推理作出合乎道德的理性抉择。与此同时，通过专业伦理教育促使我们在

大学教育中肩负起道德建设的使命，建设好精神文化高地，既为残障大学生的终身发展服务，也为社会输送技能和品行"双高"的高素质人才，这一理念是我们开展残障大学生课程思想的初衷①。

二、课程思政的开展要指向当前社会对人才的需求

在大学教育逐步市场化的今天，高校发展与社会联系日益紧密，专业设置亦紧随市场发展态势不断调整，各个专业的设置直指某类职业，与社会人才需求紧密对接。由于工具理性思维的泛滥，使得我们培养出了一些专业技术过硬，但道德素质欠缺的人才，导致社会许多重要行业或领域中出现了不容忽视的伦理问题，比如医药领域的假药现象，食品行业的地沟油、毒奶粉、苏丹红等问题，会计行业的做假账现象，计算机领域的网络诈骗等，这些损害人民切身利益的行为大都属于高技术犯罪，大多是由专业人士所为，因此，这一现状触动了我们对残障大学生开展课程思政的强烈诉求，在包括食品、制药、会计、营销等专业中开展专业伦理教育，使未来的从业人员在各自的行业和领域中能够坚守道德底线，为社会、为百姓服务，这是当前教育需要解决的重大课题。虽然这在残障大学生思想政治理论课中也是授课内容，但单凭思政课有限的学时产生的效果并不理想，为此我们设想，要将思政课、专业课和专业伦理教育的开展以课程思政的形式耦合起来，直指未来从业过程中遇到的实际伦理问题，教会残障大学生在面对道德困境时如何作出正确的选择，在接受专业知识的同时一并种下专业良知的种子，让这种道德血液始终流淌在其职业生涯之中。

三、开展残障大学生课程思政的具体分析

一是内容准备与教材建设相结合。在课程设置方面，将思政课程的内容融入问题作为教学准备的重要考虑，将专业伦理等要求合理巧妙地融入专业知识当中，使之"课程化"，在授课过程中使专业伦理教育进课堂、进头脑。其

---

① 习近平. 习近平信贺全球创业周中国站开幕 [N]. 人民日报海外版，2013-11-09 (1).

中，要克服当前高校相关教材缺乏的不利因素的影响，注意结合日常教育教学活动，通过结合与渗透的方式开展专业伦理教育，改变以往专业课教学只教书不育人的状态，过去我们常把专业技能教育同德育教育割裂开来，专业教学只管完成技术任务，德育实践则另行组织开展。伦理价值观不应该仅靠一两门课程完成，它应该是融合在每一个教学过程之中[①]。二是从教学改革角度出发，将课程思政作为思政课教学的有益补充，可考虑如何在实践环节与思想政治理论课实践教育同向同行，形成合力，共同探索大学教育始终要回答的"要培养什么人和怎样培养人"的问题，在实践中摸索专业伦理，并将其作为一种思想教育方式，探索如何使其进一步完善的问题。

在教材建设方面，学校层面要加强组织领导，可将课程思政纳入教学改革之中，成立相关讲义编写委员会，根据专业伦理教育开展的指导思想、编写原则，组织各专业负责人结合自各专业实际，编写提纲，确定框架结构，编著成稿，开展相关的立项和比赛，请担任主讲并组织实施教改项目的老师积极参与，进行综合教改试点，以使有关课程思政的教学改革落到实处。

（一）授课方式与考核方式相结合

在授课方式上，首先，要重视课堂教学。可采用讨论式、辩论式、案例式、启发式等动式教学方法，比如授课教师既可以采用给残障大学生看视频加画外讲解的方式，也可通过对当今社会各行业中与本学科专业相关的热点问题进行案例分析，让残障大学生通过对具体的"典型案例"的全程分析了解未来所处行业的道德要求，针对未来从事行业面对的伦理问题进行讨论，引发学生的思考，从而加强自身的社会责任感；还可以结合现代信息传播手段，优化课程思政的网络教育环境，开辟有关本专业专业伦理方面的微博、微信公众号等，让学生随时随地了解最新的专业伦理动向。其次，要着重关注实践。可以开展体

---

① 杨艳丽．旅游管理专业伦理构建的维度[J].思想政治教育研究，2010（5）：117-119.

验式、感受式实践教学改革，唤醒残障大学生的主体意识，多途径、多角度地把我们的职业教育影响内化为大学生成长的动力，增强大学生把握、改造、规范自我的主动性、自觉性。因为没有主体意识的觉醒，就不可能实现由他律向自律的转化。因此，要多创造让残障大学生亲身感受的客观环境，让残障大学生在真实的氛围和情境中，身体力行，体味如何做人做事、如何生存发展。比如，通过参与实习单位或企业的社会公益活动，如关爱留守童、关爱空巢老人等，体悟到行业的社会责任，从而达到对心灵的触动、思想的影响，使其深刻地感觉到残障大学生作为专业人才所应承担的社会责任，从而达到专业伦理教育的目的。

在考核方式上，亦可灵活多样，可结合授课方式设计为过程考核，也可采用开（闭）卷的笔试、现场案例分析等考核方式，最终可采取综合评价方式。不但考察学生的专业技能，同时也对其专业涉及的伦理案例或相关的实践考察进行打分，或是探索将专业伦理的考核与学生的实验课、实践课等结合起来，在实验考试中设置责任分，多角度考核残障大学生的责任心，促使残障大学生在专业伦理层面加深相关问题的思考。

（二）课程思政开展的保障措施

顺利开展残障大学生的课程思政，还需几个方面作保障。一是重视残障大学生专业教师队伍建设。着重培养专业伦理教师的道德素质、教学水平、教育理念和教育方法，要求从事课程思政的教师必须学习教育学、心理学以及伦理学的相关知识，专业教师更容易以学识魅力感染残障大学生，因此需要结合自身所教授专业的特点，将专业伦理融入课程，思考如何教学，做到既教书又育人。二是要加强专业伦理建设的顶层规划设计。从学校党委行政层面更新教学理念，明确以专业伦理道德教育为重点，加强师资力量，构建和管理专业伦理教育课程体系，不断尝试、总结、评价所构建的专业伦理课程体系是否合理，定期研讨总结开展的情况及收到的效果，对授课方式、课程及考核情况进行评价，以便为日后课程的调整提供重要依据。三是同高校开展思想政治教育的专职队伍相结合，调动多方面力量，通过采取设置残障大学生班主任、寝室导师负责制建设、校园网络文化建设等形式多样的手段，形成良好的教育氛围，从而使专业伦理教育成为大学思想政治教育的有益补充。

高校思想政治教育内容丰富，研究视角多样，我们从大学生专业伦理教育维度进行探索与实践，其主要结论可概括为：一是专业伦理路径的探寻面向大学生群体，与大学生思想政治教育同向同行，使接受高等专业教育的未来从业人员，能够掌握并遵守未来职业生涯中人与人之间、人与社会之间，以及人与国家之间的道德准则和规范①。二是大学生课程思政的开展以现实为出发点，在实践中通过正确的价值观引领，了解所学专业知识对应的专业背景以及道德规范，而非系统地教授伦理学知识，以期未来的从业者在职业生涯中构筑伦理底线，凸显道德光辉。三是课程思政体系的构建要以伦理学理论为支撑，以基于现实的问题意识、指向知识经济时代的专业性、以人为本的终极关怀性形成其学科特色，需要从教学理念、教育目的、教材建设、课程安排、教学手段、考核方式以及保障措施几大方面入手，不断探索和优教学模式。

---

① 周全.新建本科院校专业伦理思想教育的探索与实践——以绥化学院为例[J].思想政治教育研究，2010（10）：108-110.

第四章　残障大学生思想政治理论课线上教学探索

本章重点分析残障大学生思想政治理论课的线上教学问题。成长在新媒体时代的残障大学生，对新媒体的依赖度很高，面对未来长期人机共生状态下的教学环境，需要从当下入手来分析，如何运用新媒体推动听障大学生思政课教学改革，本章对线上教学给残障大学生思想政治教育带来的挑战、运用新媒体开展残障大学生思政课线上教学的方法，以及运用新媒体推进残障大学生就业工作进行了深入研究。

第一节　线上教学给残障大学生思想政治教育带来的挑战

成长在新媒体时代的残障大学生，对新媒体的依赖度很高。面对未来长期人机共生状态下的教学环境，需要从当下入手来分析如何运用新媒体推动残障大学生思政课教学改革。本章对新媒体在残障生思政课中运用的价值判断、风险把控、能力要求等方面进行了深入研究。

近些年来，通过对线上教学的不断探索，残障大学生线上教学从多个方面、多个角度做了尝试，这给我们留下了很多的思考空间。思政课在听障生的教学中要做到通过因"残"施教而达到因"材"施教，要通过研究残障大学生在生理、语言、社交和文化上的独特性，探索其带给教育教学形式的困惑和挑战，尤其是关注开展线上教学过程中残障大学生的心理状态、学习状态，这也是作为一名专注研究残障大学生高等教育保障体系的学者不可推卸的责任，以下是根据国内相关的调查研究，得出的开展残障大学生线上教学中面临的具体挑战。

一、不同类型的残障大学生面对线上教学表现出的差异

国内学者通过调查问卷发现，从总体来看，残障大学生对线上教学的适应程度小于健全大学生，而从不同的残障大学生群体来看，几种不同类型的残障大学生对线上的适应程度也不尽相同。其中，视力障碍的残障大学生对线上教学的适应度低于听障大学生；而从线上教学的满意度方面讲，残障大学生在线上教学期间的满意程度要高于健全大学生，在整个线上教学期间，听障大学生的满意程度最高。

关注残障大学生的思想状况是做好教学工作的重要基础。在一些不具备开展线下教学的特殊时期，教师要加强对教学主体的关注程度，就要了解他们的思想动态及心理动态，通过和学生交流，思考科学合理的授课方式、互动方式，尤其是要在开展线上教学的过程中，注意用活生生的案例做好教育引导工作，确保思想政治理论课发挥铸魂育人的实效性。

二、线上教学期间残障大学生有加强综合测评的需求

线上教学囿于无法实现在空间中的面对面，因而对教学对象状态的综合测评非常重要，包括心理状态测评、身体状态测评、品德状态测评等。首先，从实施线上教学的大环境看，要考察残障大学生近期的社交状况。一般来说，残障大学生受其身体状况限制，交往范围和频次要小于健全大学生，而在开展线上教学时期，又在很多方面阻隔了交流的链条，如果心理疏导不能及时跟上，会加重残障大学生与外界交流的阻隔，不利于教育教学工作的开展，由此，教师要在开展线上教学过程中加强与残障大学生的沟通和心理疏导，及时排解残障大学生在此期间可能遇到的新问题。其次，调查显示，线上教学期间由于需要更高频次的接触网络，较之健全大学生来说，残障大学生更有加强触网引导

的需求，线上教学开展期间，残障大学生普遍出现作息不规律的情况。从分布在网络的时长来看，普遍增加了上网时长，而值得注意的是，通过调查问卷，显示在非线上教学时期，残障大学生对网络的依赖程度也要高于健全大学生，因此，可以推断的是，开展线上教学期间其触网时间会有所增长，这会对残障大学生的生活和学习产生更为严重的影响，在打乱他们作息规律的同时，也会影响到这一群体的身心健康。此外，由于残障大学生对网络内容的分辨能力相对较弱，这就进一步增加了教师对引导残障大学生触网内容的工作量，这一问题将在下一节"运用新媒体开展残障大学生思政课线上教学方法探究"中，用"新媒体在听障生思政课中运用的风险把控"这一小节具体分析。

第二节　运用新媒体开展残障大学生思政课线上教学方法探究

科技对教育的重要影响在历史上从来不乏证明，面对未来长期人机共存状态下的教学环境，我们需要从当下入手来分析。成长在新媒体时代的残障大学生，对新媒体的依赖度很高，以听障大学生为例，其中手机和电脑的使用率可达95%以上。如何运用新媒体推动听障大学生思政课教学改革，是摆在听障生思政课教师面前的一个重要问题，至少有这样四点需要准确把握。

一、新媒体在听障生思政课中运用的价值判断

（一）新媒体助力听障生思政课开辟新课堂，拓展知识的广度

新媒体的快速发展深刻改变了现代人的生活方式，对于听障大学生而言，它的影响甚至可以说是颠覆性的，因为它打破听障生从前被迫"两耳不闻窗外事"的生理限制，畅通了信息接收渠道，他们可以通过手机电脑等终端设备浏览资讯、提出问题、查阅资料，随时随地满足思想需求上的期待，这种信息的接收广度是以往所不能比拟的，这为听障大学生打开眼界的同时拓展了知识广度，在很

大程度上有效弥补了听障生基础知识相对薄弱的缺点。另外，新媒体的实时性和交互性可以让听障大学生紧跟时代，关注时事政治，了解当下社会的发展状况，与时俱进，这与思政课的课程性质和教学目标非常契合，听障大学生还可通过在论坛、评论区、讨论区留言等对问题发表意见和看法，在形成互动的过程中深化对问题的认识，这对于培养其理性思维和增强社会责任感有一定的帮助。

（二）新媒体助力听障生思政课抽象语言向具体语言转化，增强其理解的深度

听障大学生的思政课程不同于其他创业技能类课程，主要依靠语言的输出和表达完成教学任务，长期以来，听障大学生思政课在教材体系向教学体系转化的过程中，受语言交流阻碍，如何依靠手语加唇语的方式为听障大学生讲解抽象的理论和概念，是教学过程中的一个难点问题。因为听障生所依赖的手语只能表达一些简单直白的意思，对于抽象话语的表述存在困难，这也是听障生对抽象话语的理解程度弱的主要原因，因此在听障生思政课教学中，解决抽象语言向具体语言的转化，是必须关注的要点。对于这样的教学困境，思政课教师借助新媒体这一有力武器，如通过语音转写软件、字幕转换技术、二维码扫描到相关内容的视频链接等方式对抽象语言进行其他形式的快速转化，助力抽像理论的形象化表达，在一定程度上可以达到事半功倍的效果，从而增强听障生对问题理解的深度。

（三）新媒体助力听障生思政课教学模式不断丰富，提升沟通的温度

国内学者曾就残障大学生对思政课的认同状况进行研究，其结果和我们在听障生思政课教学中所做调查结果近乎相同，即当前残障大学生对思政课的总体评价偏低、思政课教学效果不佳，而给出的不同解决途径中，几乎都包括"创新教学模式、增强思政课亲和力"这一条。运用新媒体涵盖内容的丰富性、实时性以及交互性强等特点吸引学生的注意力，通过投票小程序、针对听障生思政课的公众号平台以及课下互动留言等方式促进学生主体的参与意识，不但增加了教学互动的频次，还更容易拉近师生距离，符合听障生主要依靠视觉引起注意的接收特点，这样会使听障生思政课教学内容和形式更为鲜活生动，从而改变听障大学生对传统思政课教学存在的晦涩难懂、远离现实和枯燥刻板印象，增强课程的亲和力和可接受性，提升听障大学生思政课的实效性。

二、新媒体在听障生思政课中运用的风险把控

（一）网络依赖和成瘾风险

听障大学生因听力和语言障碍在获取外界信息时受到的限制，正随着新媒体的不断发展而被打破，新媒体成为听障大学生不可缺少的"无障碍沟通神器"。针对我校听障大学生所做的一份调查报告显示，听障大学生对网络的依赖程度要远远高于健听生，对于这一问题的认识，有约13%的听障生认为自己会因经常上网而耽误正常学业任务，还有近7%的听障生有过通宵畅游网络的经历，除此之外，有72%的听障生表示上网的随意性较强，没有认真考虑过如何选择浏览内容。这说明听障大学生在对网络产生过度依赖的同时，还缺乏合理利用网络资源的能力，自律性不强。因此，正确引导听障生合理使用媒体资源，规避其网络依赖甚至是成瘾风险，也是新媒体环境下创新教学要关注的问题。

（二）信息识别和处理风险

新媒体给听障生思政课教学环境带来的风险，还体现在听障生在社交媒体中缺乏网络信息的识别和处理能力，这主要源于大多数听障大学生自幼生活在被照顾、被保护的环境中，学习和生活都由家长和教师来进行安排，活动范围狭小、接触事物有限、信息闭塞，往往思想比较单纯，抗挫折能力较差，这样的性格特点使得听障生在新媒体环境中，缺少合理筛选和辨别信息真伪的能力，极易接受虚假和不良信息的诱骗，与此同时，法律意识的淡漠也使听障大学生缺少正确的维权思维，一旦受到不良信息的干扰和欺骗，往往会出现过激行为，如在聊天社交时因观点冲突侮辱谩骂他人、恐吓他人等。因此，引导听障生在社交媒体中有效识别信息真伪和正确处理问题，也是思政课教师要巧妙结合教学目标持续关注的一项内容，与此同时，这也是塑造听障大学生人生

观、价值观和世界观过程的一个缩影。

（三）虚拟交往和脱离现实的风险

听障大学生作为弱势群体，社交范围比较受限，因自身生理缺陷通常对来自外界的目光及评价极其敏感，表现为自信心不足，自尊心较强，更愿意和与自身情况相仿的残障生交往，对现实生活中与健听人士的交往比较排斥，而发生在新媒体环境中的虚拟社交和普遍社交，会因其匿名性和平等性的特点让他们暂时摆脱现实世界，放下思想包袱，如获新生，听障生也因此更加青睐网络中与人的沟通和交流。但另一方面，长期处在新媒体环境中的虚拟时空容易把物理时空中的人与人隔离开来，长期缺乏在真实人际交往环境中的实践会降低听障生社会交往的频次与质量。因此，听障生思政课教师在开展思想政治教育活动时要准确把控新媒体带给听障生的这一风险，积极引导听障生参与多种社会实践活动。

三、新媒体在听障生思政课中运用的能力要求

（一）更强的手语沟通能力

在听障生思政课中，手语是教师必不可少的技能，但当前大多数院校的听障生思政课教学都处在类似的困境中。一方面，由于手语是需要长期学习和训练的一项技能，熟练方能达到准确自如输出信息的效果，而当前听障大学生思政课教学队伍中，大多数教师是来自高校马克思主义学院以讲授健听生思政课为主的教师，他们往往经过简单的手语培训后就走上讲台，在手语流畅表达方面存在困难。另一方面，在思政课教学中很多时候打手语如同讲方言一般，还存在着各地不尽相同的问题，教师在听障生思政课堂上面对来自全国各地的学生，如何全盘给与照顾，也是一大难题。如今，新媒体虽然成为听障大学生重要的"无障碍沟通神器"，但对于思政课教师来说，这并没有减弱手语在教学过程中的重要作用，反而对手语沟通能力提出了更高要求。一是因为听障生在新媒体上自由获取的信息量变大，加上大量新鲜事物的出现使得手语词汇量不断增加，需要教师解答的问题不仅仅限于课本中的问题，如果教师的手语储备

量和熟练程度仅限于书本知识就难以应对；二是手语已然进入了新媒体时代，随着新媒体技术越来越考虑为听障人士创建语言方面的无障碍沟通，国家通用手语的推广和学习势在必行，阅读和借鉴国外有关听障生资料的途径逐渐打开，比如像"快译通"这样基于多媒体技术将多国手语融于一个网站，为国际听力障碍者之间搭建的交流软件平台的出现，都在催促听障生思政课教师要紧跟新媒体技术不断发展的步伐，通过不断学习来提高手语技能水平，从而不断提高教学能力。

（二）思政课与新媒体融合搭建能力

身处新媒体时代，主动提升多媒体应用技能，培养自身的数字素养和媒介素质，是每一位教师义不容辞的责任，也是提升教学能力的一种手段。思政课教师要熟练运用新媒体创新教学，重在让教学过程"动"起来，搭建起来的教学平台要力图实现教学过程的个性化、情境化和实践性的教学目标，才能与传统教学平台有所区别。比如可运用调研软件全方位了解听障生的个性特点，结合所授课程的内容和特点，全盘考虑听障生思政课适合采用的小程序、社交平台等；可以在30人以下授课的听障生班级进行小组划分，分别对问题的讨论发表看法后，运用投票软件在手机上打分互评，从而增强课程吸引力；对思政课中听障生难以理解且常用的抽象概念建立专门的学科知识库，便于听障生随时查询；课前提前发放针对听障生形成的教学讲义或资料，并在其中插入相关知识链接的二维码；联合听障生所在学院的官方公众号、校园网络平台开辟思政专栏，按主题推送能够吸引听障大学生的思政文章；利用新媒体信息交互性特点，设置听障生匿名自由留言专栏等。在具体设计上，也要充分考虑听障生特点，全部配备无障碍字幕，设置醒目的关键按钮，且擅于用颜色、字体大小等突出关键词、语气的强调和停顿等。

（三）新媒体在听障生思政课中运用的原则导向

1.政治引领的原则导向

在多媒体技术纷繁复杂的背景下，一些新闻存在着以赚取流量或利益主导下的信息传播乱象，其宣传的内容不考虑政治性，也不符合主流价值观。抓住教学改革初衷，不偏离教学目标，是听障生思政课教师运用新媒体统领教学改革的主旨。对听障大学生思政课来说，思政课的教学目标偏重于向听障大学生传递正确的价值观念，培养健全的人格和良好的品德。因此，运用新媒体创新教学的过程事实上也是引导听障生学会理性的价值判断、生成正确价值观的过程，能否达到这一目标是验收教学改革成果的试金石，也是扣回思政课价值引领功能的重要一环。因此，思政课教师在运用新媒体进行教学改革的过程中，要善于反思、总结和评估，不断追问课程的改革是否实现了对听障大学生的思想政治引领功能，甚至可以让听障生利用新媒体围绕课程内容进行创作，通过作品的呈现来评估学生的理解程度，检验是否达到某次课程的教学目标，与此同时，鉴于当前残障大学生思政课教学研究的成果匮乏，思政课教师还要注重对教学改革全过程的总结和反思，及时与同行之间交流，生成更多的学术成果，从而推进听障生思政课创新教学的顺利开展。

2. 精准运用的原则导向

这里的"精准"一是就授课对象的需求特点而言，二是就与之选用的教学内容而言，总的来说，就是要切中"因材施教"的教学理念。首先，在运用新媒体创新听障大学生思政课教学的过程中，要注意从听障大学生理论基础薄弱的客观现实入手，精准编排教学内容，既要改变当前听障大学生和健听生使用相同的全国统编工程教材的现状，也要打破当前思政课教学中听障生套用健听生教学大纲的僵局，真正实现从教材体系向教学体系的转换。这就需要听障大学生思政课教师精准围绕听障生思政课的教学目标，用"讲中国故事、专题式"等听障生易于接受的感性化形式形成专门的教学讲义，在新媒体海量碎片化信息资源中选取与讲义内容契合的内容，在精准化选材和知识整合的基础上，形成对听障生来说难度适中的教学内容。其次，在呈现方式上可以着重考虑 VR 技术、360 度观景技术等新媒体技术呈现，发挥其图、文、声、像并茂和身临其境的优势，改变听障生对传统思政课刻板、枯燥的印象。

四、运用新媒体开展残障大学生线上教学实践分析

（一）残障大学生思政课线上实践教学案例一

1.线上教学情况总体介绍

①课程名称："毛泽东思想和中国特色社会主义理论体系概论"。

②课程介绍：毛泽东思想和中国特色社会主义理论体系概论课（以下简称"概论"课）是全国高等学校本科生必修的思想政治理论课之一，其教学活动主要围绕引领残障大学生掌握马克思主义中国化的形成发展、主要内容和精神实质，不断增强中国特色社会主义道路自信、理论自信、制度自信、文化自信，坚定中国特色社会主义理想信念为主要目的。

③开课情况：课程采用钉钉平台进行直播，单周每班两次，双周每班三次，共计 80 学时。

④在线教学主要特色：以问题链贯通专题化教学，突出直观性、简洁性、重点性，引领学生在解决问题中吸收理论知识。

2.线上专题化教学设计

①"概论"课线上专题式教学的设计考虑

概论课是一门集理论性、科学性、实践性和时代性于一体的课程，涉及的内容十分广泛。根据教学大纲的总体要求，开展专题式教学，就是要结合所教残障班级学生的实际情况，将教材中的专题内容提炼、整合、转化和丰富。尤其是在"概论"课线上专题式教学的设计中，要特别注意它相对线下的专题式教学形成了很多新的特点，如手语的现场沟通出现了一定延迟，因此进度会比线下教学缓慢，所以不能完全"照样"地将线下课内容搬到线上来，这就需要在线上直播授课之前，根据线上教学特点、教学大纲要求、学生线上学习特点、教师讲课风格等，科学设计有针对性的专题内容，本着凸显直观性、简洁

性、重点性的原则，重新设计专题教学内容。

②"概论"课线上专题式教学的问题链设计

苏霍姆林斯基说："如果教师不想办法让学生进入情绪高昂和精神振奋的心理状态，就着急讲解知识，那么这种知识，只能让人产生冷漠的态度，而不动感情的脑力劳动会带来疲倦。"对于"概论"课这样理论性较强的课程来说，更要注意学生情绪的带动。由此，以问题贯通专题式教学，注重以启发性为主的教学内容设计，不失为一种可行的"概论"课线上教学内容设计思路。以"概论"课的第三专题"社会主义改造理论"为例，可以结合教材中的章节内容，将其变化为引人思考的前后相关的问题链：一、为什么要向社会主义过渡？二、新民主主义社会如何向社会主义过渡？三、如何认识社会主义基本制度的确立及意义。这样的问题式设计就打破了原有章节标题带给学生的被动灌输感。

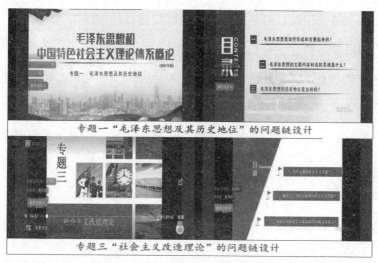

图 4-1　"概论"课线上专题式教学问题链设计示意图

问题链的合理设计，可以将枯燥的理论灌输变换为解决一个个相互联系的鲜活问题，而在每个问题的解决过程又让学生掌握了多个知识点，不但能使学生产生对理论学习的兴趣，还能促使学生对专题内容体系进行整体把控，更深刻领悟和掌握基本理论。

3.线上专题化教学的具体实施

①搭建适合课程需要的教学平台

基于近几年以来的线上教学体验和我校教学部门提供的多个线上平台使用方法的培训学习，如今教师们已对多种教学平台（如超星学习通、智慧树、钉钉直播等）的特性有所掌握。通过逐一尝试和测试，学校在教学中最终选择了钉钉平台直播授课，这一平台操作简单，可以实时进行屏幕分享，课件和视频的播放都非常简单，且具备时时发起签到、自动形成课堂大数据等功能，能够较好满足本门课程的教学需求。同时，也在 QQ 平台建立了群课堂和语音的备用平台，以备网络状况不佳时，能够转到新平台上尝试继续上课。

②直播中"问题链"的设计、开展和升华

问题链教学模式，关键是设计"问题链"的巧思、要点引导以及最后的理论升华，在全链条中设计好每个环节，由此形成环环相扣的"问题链"教学模式才是成功的教学设计，也是最终检验教学效果的重要标准。就"概论"课的在线专题式教学来说，问题链的设计可通过教师恰当的背景介绍，寻求教学重难点与学生关注点之间的契合点，推出有效的"问题链"，让启发式教学贯穿始终；开展过程中，也即解决问题过程中可用案例法、讨论法多种要素引导学生主动思考，并点燃学生的求知热情，最终引导学生形成对理论的真懂、真信，形成一条从自主思考到明辨是非，再到推出正确结论的完整路径，才能提升教学实效性；最终追求效果的升华，指的是让学生在不断深入的连续追问中学会思考、形成正确认知，从而有效提升思政课教学效果。

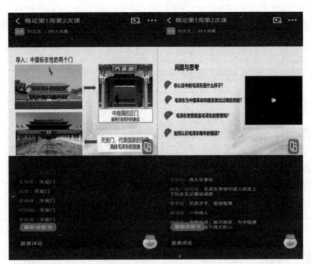

问题链设计：通过导入为什么中国标志性的"两个门"都能找到毛泽东的身影？让学生带着问题明确了中国化的马克思主义理论——毛泽东思想的重要地位。然后进一步找到契合本专题教学要点的问题设计

开展过程：回答他们都是谁？在回答问题中感悟到坚持群众路线，就是要坚持全心全意为人民服务的根本宗旨。

升华：学生形成问题意识，主动参与问题链设计。

图4-2 "概论"课线上专题式教学中"问题链"的设计、开展和升华过程示意图

4.线上专题式教学成效

教学要以学生为主体，学生的体验和反馈是促进教师不断进行教学改革的源头和动力。学生学习的的真实效果、对课程讲授内容的理解以及在线课程的节奏和流畅性，都要通过课后跟踪环节完成，因此，课后与学生的沟通是十分

必要的。本学期"概论"课在线专题式教学过程中,在以问题链贯通专题化教学的整个过程中,是否达到了引领学生在解决问题中吸收理论知识的教学目标,也需要在和学生的不断探讨中得出结论。

5. 在线教学反思

一是"问题链"教学模式可以是开放、灵活的,甚至可以是师生互动过程中共同设计的,可以在多种答案的对比中适时调整讲法,这样的特点也决定了教师要对学生多种方式的回答做好充分准备,甚至提前预判学生会回答的错误答案是怎样的,以及如何抓住这些错误答案带来的突破口,去有效开展下一步的教学。二是"概论"课的专题化在线教学,要注重教学内容选取的合理性、思想性、针对性和亲和力同时具备的教学内容往往更加容易达到教学效果,这要求我们在授课过程中逐渐把握授课对象的理论基础和接受特点,运用形式多样的教学手段,充分利用在线教学优势,通过视频、图片、案例来体现教学内容和增强说服力。三是线上的直播教学,要确保教学的流畅性,对于选用的直播平台做到熟练操作,遇到各种问题能够快速化解。此外,还要熟悉教学的网络环境,以防网络阻塞带给教学的不良影响。

(二)残障大学生思政课线上实践教学案例二

1. 线上教学情况总体介绍

①课程名称:"中国近代史纲要"。

②课程介绍:课程内容主要包括近代中国社会发展、革命发展和社会主义建设的历史进程及其内在的规律性。

③开课情况:课程采用钉钉平台进行直播,共计48学时。

④在线教学主要方法:问题互动式教学、案例式教学。

⑤授课专题:专题二——对国家出路的早期探索。

2. 线上专题化教学内容设计

【导入新课】外国入侵造成中国空前的民族危机与社会危机。为了寻找国家出路，各阶级纷纷登台表演与探索。

（1）农民阶级发动太平天国农民战争，企图用武装斗争和农民改革改造社会。

（2）地主阶级洋务派官僚进行洋务运动，企图通过学习西方军事技术挽救封建统治和实现国家富强。

（3）新兴资产阶级维新派发动戊戌变法，企图通过自上而下的政治改良道路实现变法维新救亡图存。

1. 太平天国农民战争

（1）太平天国农民战争

【材料一】鸦片战争后，洋布、洋棉排挤了土布、棉布；"民间之买洋布、洋棉者十室而九"。

【材料二】清政府为了支付战争赔款和军费开支，极力搜刮，加捐加税。官府常抓人，毒打交不起税的人。1843—1850年规模较大的群众暴动有70余起，遍及十几个省。

【材料三】：1846—1850年，两广地区水、旱、虫灾不断，广大劳动人民陷于饥饿和死亡的困境。

【互动问题】结合材料思考为什么会爆发太平天国运动？

（2）中国旧式农民战争的高峰

太平天国农民战争历时14年，势力发展到18个省，影响波及大半个中国，规模大、持续时间长，而且具有新特点和新水平。

首先，这次革命建立了与清政府相抗衡的农民政权——太平天国，建立了较为完善的政权组织形式。

其次，太平天国颁布了两个纲领性文件——《天朝田亩制度》和《资政新编》。

再次，有力地打击教训了外国侵略势力。

（3）太平天国运动失败的原因

【互动问题】太平天国农民战争规模大，为何最终失败？

1）客观原因：中外反动势力相互勾结，共同镇压太平天国。

2）主观原因：农民起义的局限性与弱点。

①太平天国政权的日益封建化与腐败化。

【案例】洪秀全的腐化生活

在占领南京后，只有40岁的洪秀全足不出户了，也因此才逐渐大权旁落。直到1864年病逝之前，他一共只出过一次天王府，是去看视生病的东王杨秀清。他荒淫无耻的程度，与历朝历代的帝王相比，都有过之而无不及，洪秀全做了"农民皇帝"便开始在南京城内大兴土木。为了修建天王府，他动用了上万军民，拆毁大批民房。而其他诸王也不例外。

②农民领导人思想蜕化，不能保持团结，争权夺利，自相残杀。

农民小生产者虽然可以暂时建立起小生产者的政权，就像太平天国在南京建立的政权，但最终仍然要向封建政权演变。太平天国的政权就是日益封建化。我们可以看到，太平天国建都后，这些领导人利用特权享乐、彼此之间争权夺利，建造王府，大讲排场，宫廷中充斥着大量的后妃宫女。

【案例】天京事变

1856年是太平天国发展最兴盛的时候，但领导人被胜利冲昏了头脑，内部的矛盾和斗争激化了起来，如东王杨秀清向洪秀权提出自己也要当万岁，假装代天父传言。北王韦昌辉利用这个机会把东王杀了。翼王石达开此后率兵回京，迫使洪秀全又杀了韦昌辉。但石达开回到天京后，洪秀全不信任重用他，最后石达开负气出走。所以说天京事变后，太平天国的领导核心瓦解了，大批的老领导、老干部、老战士被杀，元气大伤，成为由盛转衰的转折点。也就是常说的保垒更易从内部攻破。

③农民没有科学的理论作为指导，太平天国的纲领存在着局限性和政策策略上的失误。

《天朝田亩制度》是一个绝对平均的方案，要回到自给自足经济，不提倡商品经济，不管生产出多少产品都要平均分配。这样就不能调动农民的积极性，也是不可能真正推行的，并且一度要求取消商业。《资政新篇》的建国方案虽具有近代化的性质，但是在当时的条件下并不能实行，战争环境中战争为主，并且也没有提到与农民利益最相关的土地问题。

④太平天国是利用宗教来发动运动，带有宗教的消极作用。

拜上帝教最初吸收了基督教的一些思想，如平等思想。但也具有迷信、天命思想。迷信思想的表现是洪秀全、杨秀清经常装作天父、天兄传言，附体说话。另外洪秀全有天命思想，当天京被困时，洪就说，我的天兵多如水，天主会降甘露给我们。

最终在封建势力与外国势力的联合镇压下，太平天国农民战争失败了。

【提出问题】太平天国农民战争失败的启示？

其失败表明在半殖民地半封建社会的中国，农民具有伟大的革命潜力，但他们不能担负起领导反帝反封建的重任。这种单纯的农民战争不可能完成争取民族独立、人民解放的历史使命。

2.洋务运动的兴衰

（1）洋务事业的兴起

洋务运动是指19世纪60年代到90年代，清政府中的洋务派打着"自强""求富"的旗号，通过采用西方先进的生产技术，创办近代军事工业、民用工业、创建近代海军和新式学堂，企图摆脱内忧外患的困境，维护封建统治的自救运动。

"洋务"，中国人原称外国人为"夷人"，与外国人打交道叫夷务。但在第二次鸦片战争签订《天津条约》时，外国人提出了抗议，称其为夷人是有贬义的，是歧视的，应称为洋人，所以至此就称外国人为洋人，一切与外国人交涉的事务称为洋务，包括与外国有关的政治、经济、军事、外交、文化等事务；也指模仿外国上述各方面的事务，如外事交涉、订条约、派遣留学生、购买洋枪洋炮、开矿办厂等与外国资本主义有关的事情。

第二次鸦片战争后，清政府内外交困。统治集团内部一些较为开明的官员主张利用西方先进生产技术，强兵富国，摆脱困境，维护清朝统治。这些官员被称为"洋务派"。洋务派在中央以恭亲王奕诉为代表，在地方的代表有湘军首领曾国藩、淮军首领李鸿章、原湘军的左宗棠，后期的代表人物有张之洞。从 19 世纪 60 年代到 90 年代，他们掀起一场"师夷长技"的洋务运动。

指导思想：中学为体，西学为用。简称中体西用。意思是要用中国的封建思想、制度为体，然后借用西方的技术为用，目的是为了维护封建统治。

（2）洋务运动的内容

【互动问题】把清政府比喻为病人，作为医生如何给清政府治病？

洋务派是如何给清政府治病的，这个治病过程就是洋务运动的全过程。

①创办近代工业

洋务运动前期，洋务派以"自强"为口号，采用西方先进生产技术，创办了安庆内军械所、江南制造总局、福州船政局等一批近代军事工业。军用工业的特点：大机器生产；雇用工人（带有资本主义性质）；官办；主要为军队政府服务；不是到市场上卖商品；管理带有封建式。

洋务运动时期，清政府先后建立了近 30 个军事工厂，安庆内军械所是其中第一个军用工业，并制造出了中国第一台蒸汽机，它和安庆内军械所本身一样都是中国军事史上零的突破，是从无到有创办现代化军事工业的转折点。如郑观应所说：一切枪炮、轮船、军火均能自造！改善了清代落后的军事装备。

洋务运动后期，洋务派在继续发展军事工业的同时，又以"求富"为口号，开办了一些民用工业。主要有李鸿章在上海创办的轮船招商局，张之洞创办的汉阳铁厂、湖北织布局等。湖北织布局的机器全部购于英国，投产后，日产棉纱 100 担，能织原色布、斜纹布、花布等，畅销于鄂、湘、川等省，还远销国外。民用企业特点：机器生产；雇用工人；产品公开销售，追求利润；吸收了一些商人的资金来入股，一般是官督商办（官理商办）；具有资本主义性质，但有浓厚的封建性。

②建立海军

洋务官僚原打算筹建北洋、南洋、福建、广东四支海军，后主要力量放在北洋。有 25 艘军舰，2 艘大的铁甲舰，定远号、镇远号是从德国买来的，是亚洲第一舰，旅顺、威海卫作为基地。

③兴办新式学堂、派遣留学生

创办军事工业、民用企业、兴办海军，都要有懂得西方先进技术的人才，为此洋务派创办了新式学堂。洋务运动时期创办了 25 所新式学堂，京师同文馆是洋务派开办的第一个洋务学堂，以培养外语翻译和外交人才为宗旨，被视为中国近代新式学校的发端。洋务派创办的学堂教育，引进科技教育内容，使洋务教育初具现代化特征，打破了以往儒学一统天下的教育格局，培养了一批翻译、军事和科技人才，冲击了晚清科举取士制度，揭开了近代教育改革的序幕。

【案例】留美幼童

清政府在 1872 年到 1875 年间，先后分四批派出了 120 名赴美留学的幼童，这些"留学生"回国后分散到政界、军界、实业界、知识界等各个领域。曾经的留美幼童，其中很多人成了中国近代史上的知名人物，比如著名铁路工程师詹天佑、开滦煤矿矿冶工程师吴仰曾、北洋大学校长蔡绍基、清华大学校长唐国安、民初国务总理唐绍仪、清末交通总长梁敦彦等，他们回国后加速推动了中国的近代化。这一时期培养的优秀人才为中国现代化发展起到了推动作用。

甲午战争中洋务派苦心经营的北洋海军全军覆没，标志着以"自强""求富"为目标的洋务运动失败了。

（3）洋务运动失败的原因

【互动问题】洋务运动能够帮助清政府实现国家的自强吗？洋务运动为什么会失败？

①洋务运动的封建性

洋务派不敢、不愿对清王朝的政治制度做任何真正的改革，是洋务运动封建性的一个非常重要的表现。因多数洋务派本身就是大地主大官僚，洋务派自身的经济利益很少和现代企业有联系，他们在政治经济等各方面与整个地主阶级是一致的，政治改革将危害其利益。

②洋务运动的腐朽性

洋务派本身就是封建官僚，把企业创办得同封建衙门一样，不讲效益，高度依赖外国的原料、技术、设备等。洋务企业的经营管理存在严重的官僚主义和衙门作风。例如，江南制造总局为官办企业，采用封建衙门式的管理方式，经费由清政府调拨，生产不计成本，经济效益低下，缺乏企业发展的动力。在洋务企业里封建官场习气盛行，贪污浪费严重，产品质量低劣，这些弊端阻碍了洋务事业的发展。

【案例】汉阳铁厂购买机炉

光绪初年，张之洞任两广总督时，就电告驻英公使订购炼铁厂机炉。英国人告知办厂前应该先化验铁矿石、煤焦，确定铁、煤的质地可炼何种钢，才能配置何种机炉。张之洞对此充耳不闻。"以中国之大，何所不有，岂必先觅煤、铁而后购机炉？"吩咐按照英国所有机炉买一套回来就是了。张之洞调任湖广总督，把铁厂改到湖北。购得大冶铁矿，于是开始建汉阳铁厂，但是长期找不到好煤，只好到德国购买焦炭，掺合土焦使用。费去六年时间，原来预计开支白银 200 万两，实际耗费 560 万两，还没炼出一吨合格钢铁。盛宣怀接手，找到萍乡煤矿，又招商股 200 万两，还是炼不出好钢，再次派人出洋考察，才发现订购的机炉不合适，只好再从日本人处贷款，改装设备。

洋务派本身的阶级局限性决定了他们既是近代工业的创办者和经营者，也充当了摧残者和破坏者的角色。

③洋务运动的依赖性

洋务派不敢不能坚决维护国家主权，不敢不能坚决抵抗外国侵略，因为迷信所谓国际公法，希望用妥协换取清朝统治的苟安。洋务派所办的企业、学堂、海陆军，在设备、装备，技术管理、训练等方面，都要依赖外国人。洋务运动进行之时，清政府已与西方各国签订了一批不平等条约，西方列强正是依据种种特权，从政治经济等方面，加紧对中国的侵略和控制，他们并不希望中国真正富强起来，更不愿意中国发展资本主义，从资金、技术、原料、工艺、运输等方面压制破坏洋务企业，使其在竞争中处于劣势。

④封建顽固派的反对、阻挠。

中国的顽固保守势力异常强大，顽固派反对一切新生事物，反对学习西方，更反对改革。

【案例】 "马拉火车"

1879 年，洋务派首领李鸿章为了将唐山开平煤矿的煤炭运往天津，奏请修建唐山至北塘的铁路。李鸿章的奏请起初得到清政府的批准，随后便遭到顽固的王公大臣的群起攻击。他们害怕这惊天动地、狂吼怒驰的火车头会震坏了"皇陵"的风水，他们的结论是，铁路"为祖宗所未创，应当立予停止"。面对强大的守旧势力，清政府的当权者撤销了原议，决定将铁路缩短，仅修唐山至胥各庄一段，胥各庄至芦台间开凿运河，连接蓟运河，以达北塘海口；为避免机车震动寝陵，当斯蒂芬逊发明的火车将要在我国开辟运输新纪元的时候，朝廷的大臣们却最后竟指令用马匹来拖拉，结果演绎了一出世界铁路史上绝无仅有的"马拉火车"的笑话，人称"马车铁路"。1882 年开平煤矿产量大增，马拉火车实在不堪重负。煤矿悄悄行驶了几个星期机车，消息传到京城，反对派连奏弹劾，指责机车震动皇陵，清政府奉旨查办，机车再次被勒令禁驶。

【案例】顽固派攻击派遣留学生

还有顽固派攻击派遣留学生，当时留美的幼童在美学习很好，得到了赞扬，在服饰、精神方面有了变化后，也受到了顽固派的攻击。他们认为这些小孩成了假洋鬼子，不拜孔子，而是上教堂、打球、跳舞。在种种压力下，李鸿章只有撤回了留学生。

【互动问题】结合案例分析洋务运动失败的原因？

这些事例反映出封建顽固派的阻挠进一步加剧了洋务运动发展的困难。

【提出问题】洋务运动失败的教训？

洋务运动的破产证明，地主阶级企图在维持封建制度的前提下，学习西方的技术求强求富，这是一条走不通的路。洋务运动不仅没有使中国"强"和"富"，甚至也没能够使清王朝免于衰落、灭亡的命运。

3. 资产阶级维新派的戊戌变法

（1）空前民族危机下的救亡改革运动

【提出问题】戊戌变法为什么会发生？

中日甲午战争后，中国面临空前严重的民族危机。一部分资产阶级和进步的知识分子，提出了发展资本主义经济、政治和文化的要求，并形成资产阶级改良主义的社会思潮。1895年4月（光绪二十一年三月），清政府被迫与日本签订《马关条约》。《马关条约》签订的消息传到北京，正在北京参加科举考试的康有为和梁启超，邀请各省参加科举考试的举人，联名上书光绪帝，反对同日本议和，请求变法图强。史称"公车上书"。这次上书，对清政府触动不大，却轰动了全国。从此，变法维新运动揭开了序幕。康有为又连续上书光绪帝，反复陈述变法主张。光绪帝阅后颇为赞许。

康有为是广东南海人。他从小熟读四书五经。面对列强侵略中国的现实，他从儒家经典里找不到解脱办法。后来，他通过阅读一些外国书了解到，俄国和日本都靠变法迅速强盛起来，感到发现了医治中国的灵丹妙药，开始宣传变法维新的道理。梁启超是广东新会人。他小时候有"神童"的美称。梁启超听康有为讲俄国和日本如何通过变法使国家富强，觉得很新鲜。于是，他诚恳地拜康有为做老师。

公车上书失败后，康有为、梁启超创办《万国公报》，通过介绍资本主义国家的政治经济情况，继续宣传维新变法。不久，他们联合朝中大臣在北京组织强学会，定期集会讲演。随后，他们又把《万国公报》改名为《中外纪闻》，作为强学会的机关报发行。维新派的政治团体形成了。

百日维新：从 1898 年 6 月 11 日，光绪帝颁布"明定国是"诏书，到 1898 年 9 月 21 日，慈禧太后发动戊戌政变，变法失败，共 103 天，史称百日维新。其内容反映了中国的资产阶级发展资本主义的要求，与守旧派论战时，提出要实行君主立宪，但百日维新期间并没有真正推行，并未触动封建专制制度的根基，虽然是一个温和的、改良的、不彻底的改革，改革旧制触动了顽固派的利益，守旧势力极力阻挠，这些命令大都没有实施。很多地方的官僚根本不按光绪帝的要求来办，而且新旧矛盾越来越尖锐，导致顽固派进行反击，搞了一场政变，最后还是由慈禧太后来训政，并把光绪软禁到中南海的瀛台。而后移至颐和园。康有为逃到国外，谭嗣同等六君子被杀。

康有为得知慈禧太后想借秋季去天津"阅兵"之机，发动政变，使光绪帝逊位。但自己没有兵权，无法保护光绪帝。最后，他决定派谭嗣同去劝说新军首领袁世凯，让其效忠光绪帝。谭嗣同见到袁世凯，要求袁世凯派兵保护皇帝。袁世凯假意答应。谭嗣同刚一离去，他立刻向直隶总督荣禄告密，出卖了光绪帝和维新派。慈禧太后和荣禄迅速动手，发动了政变。

（2）历史意义

①是严重民族危机下的爱国救亡运动。

以康有为为代表的资产阶级维新派，面对帝国主义灭亡中国的狂涛恶浪挺身而出，为挽救民族危亡而奔走呼号，试图以制度变革拯救中国，因而戊戌变法是一次救亡图存的爱国运动。

②是一场资产阶级性质的政治改革运动。反映新兴资产阶级的政治、经济、文化的要求和主张，特别是提出要用君主立宪制度来代替君主专制制度。

③是一场学习西方的思想启蒙运动。翻译传播了西方的政治社会学说，如严复的《天演论》，对促进思想解放，提倡移风易俗，有积极作用。

（3）失败原因

【讨论】谭嗣同慷慨就义前高呼："有心杀贼，无力回天。"维新派为什么无力回天？

①客观原因：新旧势力对比悬殊。

严复说，千与一之比。庞大的守旧势力集合在慈禧太后周围，拼命维护其既得利益。仅依靠没有实权的光绪皇帝，没有军队、财权与基地。维新派依靠的是光绪皇帝，无任何实权，在他身后是势力强大的慈禧太后，这种情况从一开始就注定了戊戌变法失败的命运。

②主观原因：资产阶级维新派的软弱性、妥协性。

首先，维新势力主要是维新派知识分子，新兴中国民族资产阶级刚刚诞生，很软弱。社会基础狭小，资本家很少直接参加运动，只是通过知识分子代言人参加变法运动。

维新派对帝国主义主义国家抱有不切实际的幻想。维新派曾幻想依赖英国和日本来挽救败局，在戊戌政变前，英国和日本曾表示愿意帮助维新派变法，其目的是扶植自己的势力，以使日后进一步扩大自己的在华势力。当时维新派非常兴奋，他们甚至把英国说成是"救人之国"。

③惧怕人民群众。不敢依靠和发动人民群众，使变法失去社会群众基础。

维新派不敢发动人民群众，害怕人民运动破坏变法。康有为甚至用人民革命来警告光绪皇帝：如果再不变法维新的话，恐怕老百姓就要造反了，就要揭竿而起了。所以实际上，他们害怕人民，更害怕革命。回天之力存在于亿万民众之中，这是维新派的志士们所没有认识到的。

④急于求成和策略失误。

维新派对中国国情与变革的复杂性缺乏考虑。急躁的变革心态与过高的政治期望，维新派以一日千里之势揭开百日维新序幕。赫德对此情形形象比喻道："把足够几年吃的东西不顾他的胃口和消化能力，这三个月内都塞给他吃了。"变法维新的措施缺乏可操作性。由于压力过大而急躁，冒进树敌过多，犯了策略上的错误。

【提出问题】戊戌维新变法运动失败的教训？

戊戌维新是中国民族资产阶级登上政治舞台的第一次表演，但失败得如此之快，暴露了这个阶级的软弱性。由于中国民族资产阶级成长得不充分和先天不足，民族资产阶级自诞生之日起就遭到外国资本主义和本国封建势力的双重压榨和摧残。且对上述二者时有依赖或抱有幻想，这就决定了民族资产阶级天生就具有软弱性和妥协性，表现在政治上就是斗争的不彻底性，不敢与帝国主义和本国封建势力彻底决裂。说明在半殖民地半封建的旧中国，企图通过统治者走自上而下的改良道路，是根本行不通的。

【专题小结】中国人民在半个世纪的时间里历尽千辛万苦，在黑暗中探索国家的出路：农民阶级发动太平天国农民战争，企图用武装斗争和农民改革方案改造社会。地主阶级洋务派官僚进行洋务运动，企图通过学习西方军事技术来挽救封建统治和实现国家富强。新兴资产阶级维新派发起戊戌维新运动，企图通过自上而下的政治改良道路实现救亡图存。尽管历次努力都失败了，却给我们留下了深刻的历史教训，为中国人民以后的四个选择提供了历史的启示。

第三节　运用新媒体推进残障大学生就业工作

近些年来，社会整体就业压力增大，对于残障大学生来说，也带给了他们较之以往更强的"就业焦虑"。思政课教学虽然能够实现在思想价值方面的引领功能，但无法解决社会现实的就业压力。由此，在全员育人的背景下，思想政治理论课教师要同负责思想政治工作和就业工作的老师同向同行，共同了解残障大学生的思想动态，掌握他们的就业需求，探究如何通过新媒体实现残障大学生在疫情常态化背景下有效地开展就业工作。事实上，解决残障大学生的"就业焦虑症"，就是解决残障大学生思想困惑的一部分内容。由此，思想政治理论课教师要走出固有的理论课教学范畴，结合社会发展现实，研究紧密贴合残障大学生的就业问题，真正做到理论联系实际。随着科技的不断发展，以飞信、QQ、微信和微博等为代表的新媒体正以一种无处不在的姿态影响着我们生活的方方面面。相对于传统媒体来讲，新媒体以其特有的开放性、自由性和互动性展现着其特有的魅力，自出现起就吸引着人们的眼球。残障大学生就业工作，也同样受到了新媒体的强烈影响，这就要求高校思想政治工作者关注并适当地改变教育方式，尤其是在面对残障大学生的就业工作上，要注意合理利用新媒体，完善信息监控机制，发挥新媒体在残障大学生就业工作中的积极作用。

一、新媒体对于残障大学生就业影响的分析

运用新媒体开展残障大学生的就业工作，首先要对新媒体进行充分的了解和把握，就新媒体带给我们的优势来说，主要体现在以下两个方面。首先，新媒体带来了更多样化的信息传播方式，提高了就业教育的时效性[①]。一方面，

---

①　韩树海.对加强新媒体环境下大学生思想政治教育的理性思考［J］.长春工程学院学报，2012，13（1）：142-144.

随着网络的广泛覆盖和无线技术的不断发展，人们可以突破时空界限，随时了解来自全世界各地的信息，也可以随时随地进行信息交流、互动；另一方面，网络终端是当今残障大学生必备的日常生活工具，开阔了大学生的视野，新媒体已成为残障大学生最直接的受用群体。这两方面的因素为残障大学生思想政治教育工作构建了一个开放的空间，打破了以往只能局限在固定时间和固定地点进行就业教育的传统模式，为师生之间的学习、生活和交流提供了较大便利，适合残疾毕业生在疫情常态化背景下相对较为分散的实际特点开展一对一或一对多的思想政治教育，同时，残障大学生也可以通过新媒体及时表达自己的就业意向，使师生之间的双向沟通更为及时、顺畅。其次，新媒体呈现出的传播形式更为生动、形象，搭建了就业工作的新平台。新媒体传播信息除了高效、快速之外，还有比以往任何传播形式更富生动性的特点，新媒体除了文字传播形式外，还集声音、图像、视频等多种传播形式于一身，具备更强的感染力和吸引力，可以更加形象、具体地传播就业理念和信息[1]。残障大学生正在经历着市场经济快速发展、就业模式转变、金融风暴洗礼、信息全球化等社会经济变迁，形成了与这个时代相吻合的个性特征：思想解放，自我意识强，容易接受新事物，功利心强等。这些残障大学生的个性直接影响着他们对就业的看法。伴随着科学和技术的进步与发展，利用信息通信技术进行的交流更为迅速和广泛，尤其是无线移动的出现，对残障大学生的生活更是产生了深远影响。因此，残障大学生呈现出不同于以往的新特征。如今，残障大学生在我国社会转型期间成长，在这个经济社会飞速发展的时代里，良好的家庭经济环境和社会条件培养了他们广泛的兴趣爱好，形成了多元化的职业兴趣，这种职业兴趣倾向使得他们在择业方式上也呈现多样化趋势。他们不一定按照所学专业选择职业，更多的是根据自己的兴趣爱好选择职业。

---

① 刘新跃，张筱荣，魏骅.注重运用新媒体推进大学生就业思想政治教育[J].经济师，2012（1）：131-132.

如今，QQ、微博等新媒体迅速被推广到人们日常生活的每个角落，残障大学生运用这些新媒体的特殊功能，能够在最短的时间内获得超量信息，并运用到求职中来。他们也更愿意运用微信、人人网等方式来推荐自己，获得求职单位的认可。同样，很多用人单位除了通过学校就业部门、各级毕业生就业指导机构、社会各级人才市场的渠道外，还集中在网上进行招聘、审核及录用。一些招聘网站还提供个性化服务，如条件检索、快捷搜索等，进一步提升了网络招聘的优势。与传统媒体相比，新媒体具有超大信息量、广覆盖、不受时空限制等优势。这些优势很符合残障大学生的个性特征。

另外，残障大学生求职就业个性化，自主创业成趋势。残障大学生是伴随着网络成长的一代，他们获取信息量大，知识面广，知识结构复杂多样。时代的快速变迁使得他们的想象力和创造力得到提升，思维活跃并敢于创新，对就业有主见、有胆识、有创意。此外，国家和社会的相关政策也提倡、鼓励和扶持残障大学生自主创业，一定程度上为残障大学生自主创业提供了良好的社会环境。另外，受全球市场经济的影响，残障大学生的经商观念和经商经历都相对较早、较多，这对残障大学生自主创业观产生了深远的影响。

二、结合新媒体开展残障大学生就业工作的应对策略

一是要转变高校就业教育工作者的就业观念。转变残障大学生就业观念是推进残障大学生就业工作全面顺利开展的基础。新媒体环境中，信息的传播、选择及利用较为自由，在这种情况下，高校就业教育工作者就要转变传统教育观念，积极接纳新媒体事物，如微博、微信，主动学习新媒体领域中的新技术、新功能，掌握新媒体的传播特点和传播规律，重视学习与新媒体相关的法律法规。从思想观念上放低姿态，用平等的心态与残障大学生展开交流和沟通，及时了解残障大学生的就业意向，帮助残障大学生解决就业中的诸多困难。此外，还要关注伴随新媒体而产生的新兴行业的信息，不断提升教育工作者自身的素质和能力。

二是要切实加强残障大学生的新媒体素养教育。随着科学技术手段的改进，众多新媒体传播技术被广泛应用并被受众所接受，新媒体所承载的海量信息也迅速拓宽了受众的视野，而这些信息中夹杂着大量不真实的、负面的、恶意炒作的信息，这就大大降低了信息的客观性和真实性，令受众真假难辨。与此同时，在各种与就业有关的新媒体信息中同样存在以上问题，因此，必须加强和提高残障大学生对信息的选择能力、理解能力和评估、反馈能力等媒体素养教育。在这方面，国外的起步较早，比如英国早在 20 世纪 90 年代就对学生进行媒体素养教育[1]。应该说，媒体素养教育能指导残障大学生正确地理解大众传播内容，培养残障大学生对媒体的批判能力，同时还能引导学生利用有效资源不断进行自我发展，因此说，加强残障大学生的新媒体素养教育不容忽视。

三是要积极开展新媒体就业服务与指导。与传统就业服务相比，新媒体在残障大学生就业服务与指导方面优势明显。高校可以与用人单位通过网络视频进行远程面试，节约毕业生的时间和交通成本；高校还可以新媒体方式搭建起链接高校、毕业生及用人单位三方的交流平台，及时获取、更新各类就业信息；此外，高校还可以通过新媒体开设就业指导课程，让毕业生接收个性化的就业指导和咨询服务，同时解决残障大学生在疫情常态化背景下的大四期间由于分散实习而带来的集中教育难题。

四是要逐步加强校园新媒体文化建设。伴随着新媒体的出现，也逐渐形成了一种大众性的新媒体文化，新媒体文化具有活跃性、综合性、创新性、广泛性等特征。因此，高校教育工作者应将新媒体文化与高校校园文化建设紧密结合，把包括 QQ、微博等新媒体建设纳入校园文化建设的总体框架，丰富校园文化内容，发挥出校园文化的功能，在平时就注重把就业理念、就业信息与营造文明、健康、积极、向上的独具时代特征的新兴校园文化氛围结合起来。

---

① 高曙先.浅谈新媒体视阈下的"90后"高校毕业生就业 [J].北京教育，2012，9（4）：71-72.

五是要积极开办残障大学生创业指导课程。一方面，系统的创业指导课可以让残障大学生对就业问题形成更加全面的认识，提早对未来就业做好合理规划，认清社会就业形势，尤其是要在课程中说明国家在残障人士创业方面给与的特殊政策，激发残障大学生的创业热情，引导残障大学生思考自己未来可创业的空间和条件，结合实际情况分析自身的创业优势，从而明白自己在大学期间要在哪个方向重点努力，找准未来的就业"靶心"。另一方面，通过开办系统的残障大学生创业指导课，培养残障大学生的创业意识，更好地为我国经济社会发展提供动发展动力，提高社会责任感。同时，通过实现自身的全面发展，体验自身为社会发展带来的价值，这也符合高校对残障大学生的培养目标。

综上所述，随着高校思想政治教育工作走入新媒体时代，我们面对新媒体带来的机遇和挑战，需要冷静分析信息传播的特点，并借鉴国外成功的经验，逐渐将其融入工作当中并有效运用，只有这样，我们才能更好地结合当代残障大学生的性格特点和就业特征，做到有的放矢，从而实现对传统教育观念的成功转型，提高自身的媒介素养，扎实有效地推进高校残障大学生的就业工作。

第五章　残障大学生思想政治理论课实效性的保障体系

健全的保障体系是提升残障大学生思想政治理论课教学实效性的重要保障。具体来说，它属于健全残障大学生高等教育体系中的一部分，主要包括政策保障、设施保障、师资保障、就业保障等。基于现实情况，本章将对黑龙省残疾人高等教育教学质量保障机制的现实情况进行宏观分析，从而进一步在微观层面探讨残障大学生思想政治理论课实效性的保障体系。

第一节　残障大学生教育教学保障机制的研究现状和意义

一、当前残障大学生教学保障体系的研究综述

（一）国内残障大学生教学保障体系现状

我国残疾人高等教育起步相对较晚，是近 40 年来才逐渐发展起来的，拥有的研究成果在总量上看并不突出，对这一问题研究的理论基础相对薄弱。随着中国特色社会主义事业的不断发展，残疾人高等教育得到了越来越多的关注，党的十八大以来，中国特色社会主义进入新时代，特殊教育事业的发展得到了前所未有的重视与推进，国内学者在有关方面的研究也取得了一定的成果。

一是倡导发展残疾人高等教育的相关文章，这类已有研究中，有很大一部

分是以教育公平为研究基点，对发展残疾人高等教育重大意义进行探究，比如南京特殊教育师范学院许巧仙的《提高残疾人受教育水平保障残疾人平等受教育权利》（2017），北京联合大学特殊教育学院滕祥东的《稳步发展残疾人高等教育》（2017）等。

二是同国外残疾人高等教育保障体系情况作对比研究，得出我国发展残疾人高等教育保障可借鉴的现实经验，如南京特殊教育职业技术学院熊琪的《国外残疾人高等融合教育支持体系的特点及启示》（2014），沈阳师范大学周浩《美国残疾人高等教育权益法律保障研究》（2013）等。

三是以探讨残疾人高等教育教学改革方法，较多的以教育教学改革的重点和难点为切入，深入分析课程改革的意义和方法，如长春大学高等教育研究所姚文婷的《听障人高等职业教育课程改革研究》（2017），绥化学院徐景俊的《对残疾人高等教育的课程设置思考》（2013）等。

四是从整体视角分析我国残疾人高等教育的保障机制的构建研究，大体覆盖法律保障、基础设施保障、物质保障和师资保障等几个方面的机制，以提升残疾人受教育权利的保障，如北京联合大学特殊教育学院滕祥东、任伟的《实施残疾人高等教育教师资格制度——美国经验及启示》（2017）等。

五是从当前我国残疾人高等教育中存在的问题进行思考并给出建议，大体从问题的现象入手探究原因及解决方法，如南京特殊教育师范学院熊琪的《融合理念下我国残疾人高等教育的发展历程、问题及建议》（2016），江西师范大学高等教育研究中心张悦的《我国残疾人高等教育发展问题与对策研究》（2013）等。

六是对个别省份残疾人高等教育发展的综合论述，如绥化学院庄严、刘金荣的《谈黑龙江省残疾人高等教育的建设与发展》（2013），南昌师范高等专科学校胡金秀《江西省残疾人高等教育发展问题与对策研究》（2015）等。

在著作方面，比较有影响的是滕祥东撰著的《残疾人高等教育院校教师专业化特色研究》（2016），该著作从保障残疾人平等的受教育权利出发，认为要培养出适应社会经济发展需要的高素质人才，就离不开高素质的教师队伍，由此就如何培育满足残疾人高等教育的高素质教师队伍展开研究。还有鲁彦娟、吕淑惠合编的《高等特殊教育求是集：听力残疾人高等教育研究与实践》（2014），是关于特殊教育针对听障生高等教育的学术和教学研究论文集，收集了国内从事听障残疾人高等教育学院从事教学管理、一线教学人员的学术研究和教学实践成果，涉及维护残疾人受教育的合法权益，针对听障残疾人的手语研究、教学实践等。此外，还有刘志敏的《化育之道：残疾人高等教育的理念与实践》（2016）重点从残障大学生的思想政治教育、心理健康教育等多方面阐述了残疾人高等教育的理念。

（二）国外残障大学生教学保障体系现状

与国内情况不同，国外开展残障大学生教育教学已历经一百多年的发展，经发达国家多年不断探索形成了各方面相对较为完善的保障体系，主要体现在以下几个方面。

一是对保障残疾人教育权利法律法规的研究比较深入，形成了诸如《康复法案》《全体残障儿童教育法》《障碍者教育法修正案》等较为有影响力的法案。二是对师资保障问题也有大量的研究，且较为深入。对具体准入制度、任职资格、标准化问题等均有持续的关注和完善，为残疾人高等教育事业发展提供了重要依据和指南。三是对政府提供残疾人高等教育保障的意义探究。学者普遍认为，政府的经费支持是保障残障大学生教育的重要支持，如英国高等教育基金委员会通过引入具体的经费，扩大对残疾学生的帮助。其经费一方面用来改善高校环境使残疾人能够在大学校园中生活；另一方面用来发展帮助残疾人日常生活的机构。这些机构的功能主要是协调学生的支持需求，并确保为个人提供合适的设备和照顾。比如美国在此方面有大量的专项，并配有资金支持。

（三）国内外研究现状综述

从国内相关研究来看，随着我国残疾人事业不断受到关注和重视，与残障大学生的教育教学相关的理论研究也不断增多，研究的程度也不断深入，这对残疾人高等教育的保障机制构建来说，提供了重要的理论文献参考，但随着我们对已有相关文献的研读，却发现现有研究样本过窄，研究的广度和深度尚需进一步挖掘，还有大量关于残障大学生教育教学保障方面的研究空间，尤其是各个省份针对本省新时期的现实情况，对如何满足当下残疾人高等教育的要求方面，涉及的内容也很少，这些都是下一步迫切研究的问题。

总体来看，国外在残障大学生教育教学相关方面的研究更为丰富，关于残障大学生教育教学的保障体系构建研究成果较多，其中涉及的对保障体系构建的方式方法以及优缺点的分析，可为本研究提供丰厚的理论参考，对我国残障大学生教育教学保障体系的构建、实施具有实践价值。

二、残障大学生保障体系的研究价值和方法步骤

（一）残障大学生保障体系的研究价值

研究新时代残障大学生教育教学保障体系的相关政策，结合本省残障大学生教育教学开展的实际情况、阶段特征，将宏观的总体分析和微观的细致分析结合起来，准确反映当前我省残疾人高等教育及其保障体系的发展状况，探讨与残疾人高等教育相关的一系列问题，重点研究如何作好相关保障工作，稳步构建完善残疾人高等教育的保障体系，能更好地推动当地残障大学生教育教学的发展。

结合我省残障大学生教育教学发展的现实状况，一是把握中国特色社会主义进入新时代的大背景，结合我省在新时期的实际发展情况分析残障大学生的教育中哪些做得不够到位、政府和社会应如何应对等，尝试构建残障大学生教育教学的综合保障体系，确保在制度的安排和保障方面，形成与残障人士的救助和康复等一体化的构建，形成全方位的、整体的、全新的残障大学生教育教

学保障体系。

二是要认真研究我国在残障大学生高等教育教学的各方面供给状况，再结合省情探讨本省的残障大学生教育教学的相关制度、政策、资源分配等情况，梳理出当前残障大学生在教育教学的需求方面存在哪些问题与局限，从而为政策制定部门在残疾人高等教育事业推进过程中提供理论参考，提升工作实效。

三是通过对我省残疾人高等教育及其保障体系的研究，为未来有关残疾人高等教育的相关法律、法规制定提供参考依据，不断提升教育领域的残疾人群体的权益保障。

（二）残障大学生教育教学保障体系的研究方法

一般来说，残障大学生教育教学保障体系的研究方法主要是从宏观和微观两个方面相结合进行分析展开的，既可从宏观的角度，结合本省本市的残障大学生高等教育教学现状进行探究，得出当前本省的残障大学生高等教育教学质量的保障机制现状，对照分析当前保障机制与国家残疾人教育事业的相关政策对接情况；也可以具体到其中的一门学科，即思想政治理论课的教育教学。从一门课程教育教学的保障机制反推保障体系中哪些措施比较有效，哪些方面还有缺失。

从具体方法来说。首先，对文献进行研究，同时注意开展个案访谈。通过关注权威机构（中华人民共和国教育部网站、统计局等）发布的数据，摸清黑龙江省当前残疾人的数量、接受教育的程度、当前给与的政策和经费支持等情况，对高等特殊教育现状也要进行具体细致的调研，如高等特殊教育的师资力量，高等特殊教育的相关措施、政策等。加之对个体的访谈，辅以相应的文献，形成一手资料。

其次，运用宏观与微观相结合进行分析的办法。一方面从本省当前残障大学生教育教学的现实情况出发，在宏观层面考察政府在残障大学生教育教学保障中采用的具体措施，以及这些措施落实到现实教学中哪些成效显著，哪些还存在问题，由此为残障大学生教育教学的保障构建如何进行有效的顶层设计提供参考；另一方面，可以深入某一门课程具体的教学中，认真分析在实际教学过程中，高等教育教学确实需要从哪些方面进行保障，当前的保障机制的缺失重点在哪里，今后构建残疾人高等教育的保障体系应该主要从哪些方面发力。

同时，本研究还注重与之相关的交叉学科的研究，吸收如全纳教育理论、融合教育理论、心理学、伦理学、教育学、社会学等在内的基础理论开展研究，在调查研究的基础上，开展针对性问题研究，突出共性与个性问题相结合的研究思维。

三、残障大学生教育教学质量保障机制的研究意义

对于残障大学生而言，通过教育促进自身全面发展，是为自己追求美好生活赋权增能的良好途径。2017年1月，国务院印发的《国家教育事业发展"十三五"规划》提出，"加强残疾学生专业学习、就业等方面支持保障服务，促进残疾学生更好融入社会"。黑龙江省绥化学院从2013年突破残疾人高等教育的空白，目前作为省内唯一设有特殊教育本科专业的院校，能够代表黑龙江省残疾人高等教育发展现状，就目前黑龙江省残疾人高等教育开展状况来看，整体发展状况还有待提升。尤其是在特殊高等教育领域，相应的教学保障机制还有待完善。为突破这种困境，黑龙江省在"十三五"期间应采取完善残疾人高等教育相关制度，扩充教师队伍人数，提高教师执教素养，健全残疾人高等教育服务体系等措施，为残障大学生提供更高质量的教学保障。

（一）为残疾人高等教育事业发展不断提供内在动力

随着高等特殊教育事业的不断发展，对教育水平和质量的提升要求日益紧迫。在构建残疾人高等教育教学质量保障机制的过程中，各级政府与高校应确实认识到残疾人高等教育存在的短板，为残疾人高等教育的发展提供确凿的验证，为促进整个残疾人教育事业的良好发展提供支撑。构建残障大学生教育教学质量保障机制，不仅能为更好地推动残疾人高等教育事业发展提供制度支

撑，同时，构建残疾人高等教育教学质量保障机制有益于各级政府机构及高校推进相关管理机制改革，并为残疾人高等教育事业发展提供整体规划与合理决策的依据。

（二）是省残疾高等教育质量提高的重要保障

十三五规划建议中提出共享理念，强调机会公平，提高教育质量等重要论述，这对我省提升残疾人高等教育教学质量指明了方向。残障大学生要在社会不断发展进步的同时，共享中国特色社会主义事业的建设成果，在教育领域更好地接受教育，这同时也对保障的体制机制提出了更高要求。如何通过构建残疾人高等教育教学质量保障机制，更大程度上实现教育机会公平，这需要各级政府与高校在构建残障大学生教育教学保障机制时，既能对特殊教育理论有一定了解，同时也能够全方位考虑，将理论与实践进行有效的结合，使残疾人教育事业实践发展过程中的可操控性增强。同时，在构建残疾人高等教育教学质量机制的过程中，通过理论的建设和上升，达到指导残疾人高等教育教学水平提高的实践应用效果。

（三）是残疾人群受教育水平进步的关键途径

残疾人高等教育事业的发展是为残障大学生增权赋能的最佳选择，通过学习提高残疾人受教育水平，将来达到更高水平的生活质量，更大程度上实现人的自由全面发展，这是一项极具现实意义的重要课题。黑龙江省拥有数量较大的残疾人群，且接受高等教育的比例很低，残疾人口受教育水平偏低。这也说明黑龙江省残疾人高等教育需求量较大，并且还有很大发展空间。残障大学生通过高等教育，顺利融入社会，实现良好就业，自我价值感不断提升，对于构建和谐社会，实现中华民族伟大复兴具有长远的战略意义。从某种意义上来说，一个社会残疾人的生活状况能够反映这个国家、民族和社会的现实发展状况。残疾人的生活幸福感越强，这个社会越进步，能够为残疾人提供高质量的高等教育教学，可以给广大的残疾人群带来普惠。现实表明，残疾人的受教育状况与他们参与社会工作的层次及收入的高低水平是呈正比关系的。

研究新时代残疾人高等教育的相关政策，结合本省残疾人高等教育发展实际和阶段特征，将宏观的总体分析和微观的细致分析结合起来，准确反映当前我省残疾人高等教育及其保障体系的发展状况，探讨与残疾人高等教育相关的一系列问题，重点研究如何做好相关保障工作，稳步构建完善残疾人高等教育的保障体系，以期更好地推动当地残障大学生教育教学取得更好的发展。

第二节　残障大学生高等教育保障体系需求分析

一、残障大学生无障碍环境相关保障需求

近 40 年来，我国无障碍环境建立情况逐步改善，一些经济相对发达的省市，如北京、上海、浙江、广东等都是全国无障碍环境建设的标杆。此外，其他一些城市也进行了个别街道和极少数社区范围内的无障碍建筑设计与施工，但在小城市和农村，无障碍环境建设基本处于空白状态。因此，当下的很多社会空间环境对残疾人来说是存在障碍的。残障大学生身处校园环境，一般高校中的特殊教育学院具备无障碍环境的相关要求，能够细致考虑到残障大学生的生活问题，但是在其他校区，还缺乏同步的建设和改造，这也是未来在残障大学生无障碍环境保障方面应下大力气进行的工作。此外，在社会大环境中也要对残疾人无障碍环境建设问题有所考虑，这也是衡量一个国家和社会精神文明和物质文明的重要指标，是社会进步的集中体现。

二、残障大学生教育的相关保障需求

来自我国残联的统计数据显示，截至 2020 年，中国各类残疾人总数已达 8500 万，具有大学程度的残疾人近 100 万，可见残疾人总体受教育程度不高。第二次全国残疾人抽样调查结果显示，15 岁以上残疾人文盲人口（不识字或识

字很少的人）为 3591 万，文盲率近 44%[①]，残疾人中具有初中以下学历（含文盲）的高达 90.2%，因此可以说，残疾人受教育程度普遍低于健全人，让更多的残疾人接受高等教育是残疾人真正享受教育机会公平的体现。随着中国特色社会主义事业的不断发展，我国经济实力的显著增强，残疾人对美好生活的需求日益强烈，接受教育公平的需求与当前高等教育的发展状况依然存在着较为明显的矛盾。

教育是国之大计，党之大计，更是残联人士平等参与社会生活和工作的基础。因此，不断完善残障大学生教育保障体系，让更多的残障人士有途径迈入大学校园，是提升残障大学生受教育程度、从而推动整个社会实现教育公平的关键一步。因而，要不断通过加强残障大学生教育教学保障条件的完善，高质量开展残障大学生的教育教学工作，就要重视残障大学生教育机会、途径的保障，教学质量的保障，师资的保障等，加大社会范围的宣传，不断创造残疾人接受高等教育的机会，重视残疾人高等教育，通过培训、设立教学改革项目、创新教学大赛等方式做好残障大学生教育的相关保障。

三、残障大学生康复的相关保障需求

2020 年发布的中国残疾人事业发展统计公报显示，截至 2020 年底，我国共有残疾人康复机构 10 440 个，其中，残联系统中有 2550 个，康复机构在岗人员达 29.5 万人[②]，有关残疾人康复方面的工作逐年取得进步，残疾人康复是帮助残疾人恢复或补偿功能的重要途径，是保障残疾人权利的重要内容，能够促进残疾人平等参与社会生活、提高生活质量，因此也是我们在开展残疾人高等教育时应有的一项系统工程。高校中的特殊教育学院要借助自身开设医学康复、教育康复等课程，科学合理地推进残障大学生的康复训练，让更多的残障

[①]　2006 年第二次全国残疾人抽样调查主要数据公报（第二号）

[②]　2020 年残疾人事业发展统计公报中国残疾人联合会 2021 年 4 月 9 日 https：//www.cdpf.org.cn/zwgk/zccx/tjgb/d4baf2be2102461e96259fdf13852841.htm

大学生通过康复训练造就更高质量的生活，为更加顺利地融入社会提供保障。

同时，高校应进一步完善校园内的无障碍设施，为残障大学生提供便利的社交环境。例如，可以建立便于轮椅通行的道路和楼梯、提供坡道和升降机等设施，以确保残障大学生能够顺利地参加各种社交活动。此外，还可以尝试提供个性化的支持服务。高校可以针对不同残障大学生的需求，提供个性化的支持服务。例如，可以为视力障碍的残障大学生提供语音导航服务，为听力障碍的残障大学生提供手语翻译服务等，以帮助他们更好地融入社交场合。

四、残障大学生就业的相关保障需求

随着残疾人高等教育的发展，残障大学生人数呈逐年上升趋势，随之而来的就业难的问题逐渐凸显出来。尽管我国自1978年陆续出台了针对残障大学生教育享有权的相关法律法规，且在残障大学生创业方面也有相关的政策支持，比如在《中华人民共和国残疾人保障法》中规定："对于国家分配的高等学校、中等专业学校、技工学校的残疾毕业生，有关单位不得因其残疾而拒绝接收；拒绝接收的，当事人可以要求有关部门处理，有关部门应当责令该单位接收。"但随着我国改革开放政策的实行，市场经济不断发展，国家逐渐取消了毕业分配制度、上述条文的作用就不复存在了，而后续与残障大学生就业相关联的残疾人社会保障体系和服务体系虽然对残障大学生的就业问题有一定帮助，但效果还有待提升，因此，当前残障大学生实现平等就业距离真正落实到实处还有很长的一段路程需要走。综上，我们可以看到有关残障大学生就业相关的各项法律法规仍然严重滞后，就业保障体系还有待完善。另外，对于当前用人单位对残障大学生存在的固有就业歧视现象，我们还有大量的工作要做，因为这样的例子在今天仍然不在少数。当年北大的优秀轮椅博士求职惨遭多家企业拒绝的案例，在今天的社会中还在不断重复上演，用人单位往往会对残障大学生由于生理上存在的缺陷表示担忧，一方面担忧生理缺陷影响工作能力；另一方面也担忧会影响单位的外交形象、给单位增添经济负担等偏见，甚至有

的用人单位利用招聘残障大学生可获取国家的免税指标的政策，假意招聘残障生，待吃完政策红利后，就会寻找各种借口迫使残障大学生离职，这样的做法会给残障大学生带来自尊心和自信心方面的严重伤害。

从学校方面的就业保障体系看，随着近年来高校毕业生人数的逐年增长，高校毕业生就业形势的日益严峻，不仅仅是残障大学生出现了就业难的情况，健全大学生就业压力也很大，在这样的形势下，高校就业指导中心针对残障大学生开展有效的就业指导工作任务就更为紧迫。当前，部分高校在就业工作的开展中还没有形成针对残障大学生就业指导的健全体系。比如在残障大学生的就业指导课程中，还缺乏适合残障大学生特点的就业指导类教材；在就业渠道上，还存着着与残联等相关部门联系不通畅，缺少为残障大学生提供就业创业机会的现实情况等。

从家庭方面来说，残障大学生的就业保障体系中大多还缺乏来自家庭力量形成的就业合力，来自残障家庭父母不正确的就业观往往会导致孩子在求职时缺乏正确的观念。比如，一些残障家庭由于心怀对子女的愧疚之情，不能合理面对孩子的生理残疾，往往会在生活中对残障子女进行过度保护，甚至是全面控制，因而带到就业求职中，就会体现为对残障子女的选择强加干涉。还有些残障大学生的家长走向另一个极端，认为自己的孩子接受了高等教育，是残障人士中的佼佼者，因此对子女的就业期望值过高，缺乏对孩子实际情况的正确评估，而这种错误的择业观会与用人单位的需求形成错位，也会导致残障大学生就业难的结果。这就提示我们在完善残障大学生就业的相关保障时，还要考虑通过各种媒介开展宣传教育，加强对残疾人家长思想观念的引导和分析。

第三节　残障大学生思想政治理论课的评价体系

这里主要介绍评价体系在教学过程中的作用和影响，强调评价对教师教学的指导和支持作用，以及评价对教学质量和效果的重要性。讨论评价对残障大学生学习的影响，包括激发学习动力、促进知识掌握和能力提升等方面。

一、评价体系的构成要素及其对学习效果的影响

评价体系主要由评价主体、评价客体、评价标准和评价方法四个要素构成。其中，评价主体是指评价的组织者和实施者，通常由教学督导和残障大学生思想政治理论课的讲授教师担任；评价客体是指被评价的对象，即学习思想政治理论课的残障大学生；评价标准是指评价所依据的准则和指标体系；评价方法是指评价的具体手段和方式。

根据问卷调查和访谈结果，评价体系的四个要素对学习效果产生的影响主要体现在以下几个方面：

1.评价主体对学习效果的影响：教师的专业素养、教学态度和教学方法等因素都会影响残障大学生的学习效果。如果教师能够根据残障大学生的特点进行有针对性的教学，将有助于提高残障大学生的学习效果。

2.评价客体对学习效果的影响：残障大学生的学习态度、学习能力和学习动机等因素也会影响学习效果。如果残障大学生能够认真对待思想政治理论课，积极参与课堂讨论和实践活动，将有助于提高学习效果。

3.评价标准对学习效果的影响：评价标准是衡量残障大学生学习效果的重要依据。如果评价标准过于单一或过于严格，可能会影响残障大学生的学习积极性和自信心，从而影响学习效果。因此，在制定评价标准时，应该充分考虑

残障大学生的实际情况和学习需求。

4.评价方法对学习效果的影响：评价方法的选择也会影响残障大学生的学习效果。如果采用过于简单或过于复杂的评价方法，可能会影响评价结果的客观性和准确性，从而影响残障大学生的学习效果。因此，在选择评价方法时也要充分考虑残障大学生的现实情况。

通过上述分析，表明残障大学生思想政治理论课评价体系作为衡量思政课教学质量和学习效果的重要工具，对残障大学生思想政治理论课的实效性有着重要影响。因此，在开展思想政治理论课教学过程中，要对课程评价体系进行不断调整和优化，提高其科学性和有效性，才能达到增强课堂教学实效，提升教学质量，最终使残障大学生更好掌握这门课程的目的。

二、评价体系设计需注意的要点及原则

（一）评价体系设计需注意的要点

建立合理、科学、公正的评价体系有助于教师了解残障大学生的学习状况，发现教学中的问题，进而优化教学方法和策略。对于残障大学生而言，评价体系的设计需要充分考虑到他们的特殊需求，确保评价的公平性和有效性。

首先，评价体系应注重过程评价与结果评价的结合。过程评价有助于教师及时发现残障大学生的学习困难，为他们提供及时的指导和帮助。结果评价则可以反映残障大学生的学习成果和思政课的教学效果。对于残障大学生来说，过程评价尤为重要，因为在这一过程中，可能会发现他们在某些方面存在什么样的学习困难，以便及时给与更多的支持和关注。

其次，评价体系应采用多元化的评价方式。传统的笔试或单一的作业评价方式可能无法全面反映残障大学生的学习状况。教师可以通过观察、讨论、小组合作等多种方式来评价残障大学生的学习成果。对于残障大学生，多元化的评价方式可以更好地适应他们的学习需求，提高他们的学习积极性和参与度。

此外，评价体系还应重视评价信息的反馈。评价不是目的，而是提高教学

质量和残障大学生学习效果的手段。教师需要将评价结果及时反馈给残障大学生，帮助他们了解自己的学习状况，发现自己的不足之处，从而能够促使残障大学生更有针对性地去寻求指导和帮助，并制订相应的改进计划，最终达到克服学习困难的目的。

总之，要构建科学、合理、公正的评价体系需要教师深入了解残障大学生的需求和特点，不断检验评价体系是否合理以及如何调整，并要结合评价结果不断创新教学方式方法，确保每一个残障大学生都能在思政课上获得充分的学习机会和发展空间。

（二）评价体系设计的原则

就评价体系设计的具体原则来说，其包括公平性原则、科学性原则、可操作性原则等方面。

1. 评价目标的明确性

评价体系的构建，首先应明确残障大学生思想政治理论课的目标和期望效果，因为这有助于确定评价范围、评价标准和评价方法。在这一问题的研究中，我们将全面评估课程教学的实际效果，并将其作为目标进行设定，期望建立一套科学有效的残障大学生思想政治理论课评价体系，并通过这一评价体系能够相对准确地反映残障大学生对思想政治理论课的掌握程度和学习成效，反映残障大学生的思想动态和行为变化，进而为教学方法的改进提供可靠依据。但在这一过程中我们发现，要确保评价结果能够真实反映他们的学习状况和需求，在评价目标设定时还要充分考虑以下两个问题。

一是必须要充分考虑残障大学生的特点。由于残障大学生在身体、心理和社会适应能力等方面存在着特殊性，因此，评价体系需要针对这些特点进行设计。例如，在评价标准和方法上应充分考虑残障大学生的认知能力、情感表达和社会参与等方面的实际情况。

二是要保持评价的客观性，及时关注评价标准的动态性和可持续性。随着社会和教育的不断发展，残障大学生的需求和特点也会发生变化。因此，在构建评价体系时，应注重动态性和客观性，避免主观因素和人为干扰对评价结果的影响。这需要制定科学、合理的评价标准和程序，使评价体系保持动态性和可持续性，可以采用多样化的评价方法和技术，及时调整和完善评价标准、方法和技术，以确保评价结果能够真实反映学生的变化和发展，确保评价结果的准确性和可信度。

综上所述，提出明确的评价目标是构建残障大学生思想政治理论课评价体系的重要内容。为确保评价体系的科学性和有效性，在确定明确目标导向的同时，还要综合考虑多种影响评价目标确定的因素，包括考虑残障大学生的具体特点和保持评价目标的动态性和可持续性，以确保评价的公正性和客观性。

2. 评价体系的全面性

在构建残障大学生的评价体系时，全面性是一个核心原则。这个原则强调的是评价体系的覆盖面要广泛，能够从多个维度对残障大学生的能力、表现和成果进行全面的评价。下面将详细阐述全面性原则在残障大学生评价体系中的具体应用。

首先，评价体系的全面性要求涵盖残障大学生的各个方面。这不仅包括学术表现，如学习成绩、研究能力等，还要包括非学术能力，如团队合作、领导力、沟通技巧等。此外，对于残障大学生而言，评价体系还应特别关注他们的特殊需求和障碍，重点关注不同类型的残障大学生与普通大学生相比，其在学习方面的特殊性。既要考虑残障大学生的感知觉特征和记忆特点，也要考虑其生活自理能力、心理适应性、社会参与度等。同时，还要考虑残障大学生身心成熟度与个别差异，因为不同的残障大学生在身心成熟度、能力水准、认知及各种经验上都有所不同，因此更应了解到每个残障大学生的具体缺陷及其程度上的差异，这些方面的评价将有助于全面了解残障大学生的实际情况，为他们的个人发展提供更有针对性的支持和指导。

（1）社会环境评估

一是了解残障大学生家庭的基本情况，如家庭成员结构、受教育程度、经济收入等；二是了解家庭环境对残障大学生成长产生的影响，包括身心健康、经济状况、教育水平、异常行为、进行语言发展教育活动等；三是综合评估残障大学生发展状况，包括语言表达能力、跨学科素养、个性发展、社会行为表现、教育学习进程等。

（2）生理状况评估

一是评估残障大学生的身体状况，包括身体变化、听力、视力及记忆等；二是评估残障大学生的智力水平及发展，包括识记能力、反应速度、空间能力、思维能力、认知能力等；三是评估残障大学生的情绪情感，包括抑郁、焦虑、兴奋、易怒，情绪稳定能力等；四是综合评估残障大学生的脑功能情况，包括左右大脑功能、视觉运动能力和空间定向能力等。

（3）教育背景评估

一是熟悉残障大学生在早期教育及临床辅导过程中留下的档案信息，以此为基础对其发展现状进行评估。二是了解残障大学生的家庭教育及教育支持环境，包括父母对孩子的鼓励、专业知识支持及社区支持等；三是了解残障大学生接受过的教育服务资源，如认知和学习支持、休息服务、辅导课程等；四是综合评估残障大学生在教育和辅导过程中的学习进步情况，如语言表达能力、认知能力、交流能力、学习表现和学习习惯等。

（4）行为习惯评估

一是评估残障大学生习惯行为，如家庭外出时，是否能够安全行走，能够与他人正常交流；二是评估残障大学生在社会环境中的行为表现，包括交往能力、行为习惯、生活常识、自然景观感受等；三是评估残障大学生在教育环境中的行为表现，包括成绩、智力水平、参加活动的表现等；四是综合评估残障大学生的学习表现，通过了解残障大学生家庭和教师对残障大学生行为的评

价，来客观地了解残障大学生在学习环境中的表现。

（5）认知情况评估

一是评估残障大学生的认知能力，如记忆能力、理解能力、推理能力和判断能力等；二是评估残障大学生的智力水平，如视觉能力、情境认知能力、关系能力、文字表达能力等；三是评估残障大学生的思维能力，如逻辑思维能力、创造性思维能力、解决问题的能力等；四是综合评估残障大学生的认知能力，根据残障大学生在学习过程中表现出来的认知能力，准确判断残障大学生的认知能力状况以及认知能力发展状况。

其次，评价体系的全面性要求采用多种评价方法。传统的单一评价方法往往只关注某一方面的能力或表现，容易忽略其他方面的价值。因此，在构建残障大学生的评价体系时，应采用多种评价方法，如考试、作品评定、口头报告、自我评价、同学互评等。这些方法的综合运用将有助于更全面地了解残障大学生的能力和表现，避免评价的片面性。同时，要注重社会实践在评价体系中的重要价值。开设残障大学生思想政治理论课的最终目的是要立德树人，促进残障大学生的全面发展，将理论知识转化为解决实际问题的武器，使残障大学生将来能够更好地适应社会。因此，评价体系应注重社会实践应用的价值，将评价结果与教学实践相结合，及时反馈教学问题，并提出改进建议，促进教学质量的不断提高。

最后，评价体系的全面性还要求对评价结果进行全面的分析和反馈。评价结果的分析不应只关注残障大学生的成绩和排名，还要对残障大学生的优点、不足和进步进行深入的分析和探讨。此外，评价结果的反馈也不应只停留在简单的等级或分数上，而应通过具体的描述和建议，帮助残障大学生更好地了解自己的优势和不足，明确个人发展的方向。综上所述，评价体系的全面性是构建残障大学生评价体系的重要原则之一。通过采用多种评价方法以及对评价结果进行全面的分析和反馈，可以更好地实现对残障大学生全面、客观、准确的评价，促进他们的个人发展和社会融入。

3. 评价体系的科学性

评价体系的设计应该基于科学的教育理论和研究结果，确保评价方法和指标具有客观性。在对残障大学生进行评价时，应遵循以下几个原则以确保评价体系的科学性：一是可操作性原则。评价体系的设计应注重实际操作性，评价标准和过程应清晰明确，便于操作和实施。二是动态性原则。评价体系应随着残障大学生状况的变化而调整，以适应其不同阶段的发展需求。三是定性与定量相结合原则：评价体系在设定具体评价标准时，应采用定性和定量相结合的方法，以确保评价的准确性和客观性。四是适应性原则。评价体系应能适应残障大学生的不同需求和特点，在保证科学性的基础上，注重人文关怀和个性化发展。

4. 评价过程的客观性

评价过程应该遵循科学的程序和方法，避免主观偏见和随意性，可以将人工智能应用于评价体系中，确保评价的客观性。

（1）人工智能在评价体系中运用的优势

首先，人工智能的运用能够确保数据来源的可靠性。人工智能所使用的数据均经过严格筛选和处理，能够确保数据的真实性和准确性。其次，人工智能的运用能够确保评价标准的可靠性。人工智能的评价标准经过多轮专家评审和试运行，以确保其合理性和可行性。再次，人工智能的运用能够确保评价过程的可靠性。整个评价过程由人工智能自动完成，减少了人为因素的干扰，可以确保评价的公正性。最后，人工智能的运用能够确保结果反馈的可靠性。人工智能会为残障大学生提供详细的评价结果和反馈建议，帮助残障大学生了解自己的优势和不足。

（2）人工智能在评价体系中的主要任务

一是数据处理与整合。人工智能可以自动收集、整理并分析大量数据，确保评价结果的客观性和准确性。比如，通过人工智能技术，可以快速、准确地获取残障大学生的个人信息、家庭背景、教育经历等，为后续评价提供基础数据。二是进行自动化评估。人工智能可以根据预设的规则和标准，对残障大学生课堂上的表现、作业完成情况、考试成绩等多方面数据，进行自动评估，并进行分析，以全面评估残障大学生的学习进步情况，提高评价效率。三是进行动态调整。根据残障大学生的实时表现和反馈，人工智能能够动态调整评价标准和方法，以适应不同残障大学生的需求。四是对残障大学生学习行为习惯的评估。利用人工智能对残障大学生日常生活中的行为进行观察和记录，如是否能够安全行走、与他人的交流能力等，为残障大学生的行为习惯提供评估依据。五是进行预测，并给出建议。基于大数据和机器学习技术，人工智能可以预测残障大学生的发展趋势，并提供针对性的建议和帮助。

随着技术的不断进步，人工智能在残障大学生评价体系中的应用将更加广泛和深入。未来，我们期望看到一个更加智能化、个性化的评价体系，能够为残障大学生提供更加全面、精准的评估和支持。同时，也需要关注到人工智能的局限性和潜在风险，如数据隐私保护、算法公平性等，确保技术的合理使用和发展。总结来说，人工智能在残障大学生评价体系中具有较高的可靠性。通过合理的体系构建和应用，人工智能能够为残障大学生提供一个客观、公正、全面的评价，有助于促进他们的全面发展。同时，我们也应关注到技术发展中的问题与挑战，持续改进和完善评价体系，为残障大学生的成长提供有力支持。

三、评价体系的构建策略

这里着重分析评价体系的构建步骤和具体过程，包括目标设定、评价指标确定、评价工具选择等方面。强调评价体系的构建要结合残障大学生的特殊需求，如制定个性化的评价标准、使用多种评价工具等。探讨如何根据思想政治理论课的学科特点，构建适合他们的评价体系，提供全面准确的评价结果。

（一）评价体系构建遵循的步骤

1.确定评价目标：首先需要明确评价的目标是什么。这可能包括学业表现、社会参与、生活技能等多个方面。目标明确有助于构建更精准的评价体系。

2.确定评价指标和权重：根据评价目标，选择和确定具体的评价指标。例如，学术表现可以通过课程成绩来衡量，生活技能可以通过独立生活的能力来评估。对于残障大学生，可能需要加入一些特殊的指标，如适应辅助器具的能力等。同时，要为不同的评价指标设定合理的权重，确保评价的全面性和公正性。例如，学术表现和社会参与可能占较大比重，而生活技能则可以根据具体情况调整。

3.收集数据：数据的收集是评价的基础。可以按照评价指标来确定收集哪些相关数据，从而作出相对客观合理的评价。比如，对应残障大学的评价指标，可以通过课程成绩、参与的社区活动、个人陈述、教师/辅导员的评价等多个途径获取相关数据。另外，对于残障大学生无障碍设施使用、心理适应等方面的数据，也要进行收集。

4.设计评价工具：根据评价指标，需要设计相应的评价工具，如量表、问卷、观察表等。评价工具的设计要考虑到评价对象的特殊情况，对于残障大学生，可能需要使用一些特殊的工具来评估其特定需求和能力，要便于操作和实施。

5.数据分析及实施评价：对收集到的数据运用评价工具进行统计分析，针对每个残障大学生形成评价，进而为进一步改进思想政治课的教学提供依据。

6.分析评价结果及反馈：对评价结果进行深入分析，分类别对影响残障大学生思想政治理论课实效性的因素进行挖掘，得出下一步改进的相关意见。并将评价结果反馈给残障大学生和相关人员，并根据反馈进行体系的调整和改进。这是一个持续的过程，需要不断地优化和完善。构建针对残障大学生的评价体系需要综合考虑其特殊需求和能力，确保评价的公正性和有效性。通过上述步骤，可以逐步构建并实施这样一个评价体系，为残障大学生的全面发展提供有力的支持。

综上所述，残障大学生思想政治评价体系的构建需要通过明确评价目标、确定评价指标和权重、收集数据、设计评价工具、数据分析与实施评价、分析评价结果及反馈等六个环节进行构建，才能形成一整套合理的课程评价体系。

（二）构建过程的具体分析

1. 确定评价目标

首先需要明确评价的目标是什么，评价目标应明确、具体，目标明确有助于构建更精准的评价体系。就思想政治理论课来说，评价目标要涵盖课程目标的明确性、教学内容的适应性、教学方法的创新性、师资队伍的专业性、学生学习成果、社会实践价值以及评价体系的完整性等多个方面。

（1）课程目标明确性

在评价残障大学生思想政治理论课实效性时，首先应关注课程目标的明确性。课程目标是否清晰、具体，是否符合残障大学生的实际需求，是评价课程质量的重要标准。同时，要重点关注课程目标是否与国家教育方针、学校人才培养目标相一致，以保证教育的正确方向。例如，在残障大学生思想政治理论课中，明确规定了该课程的课程目标是通过残障大学生思想政治理论课的开展，来提升残障大学生的政治素养；通过培养残障大学生树立正确的世界观、人生观和价值观，来提高其对社会的适应能力，培养其积极的生活态度，增强其公民意识等。

（2）教学内容适应性

教学内容的适应性是评价思想政治理论课实效性的又一重要方面。教学内容应充分考虑残障大学生的认知特点、学习需求和心理特征，结合实际情况进行调整和完善。同时，教学内容应具有时代性，要紧跟时代步伐，将马克思主义中国化时代化的发展历程和理论成果进行及时更新。

（3）教学方法创新性

教学方法的创新性对于提高思想政治理论课的实效性至关重要。针对残障大学生的特点，应积极探索多元化的教学方法，如情境教学、案例教学、互动式教学等。通过创新教学方法，激发学生的学习热情，提高其主动参与度，进而提升教学效果。

（4）师资队伍专业性

教师是教学活动的主导者，其专业素质直接影响到教学质量。因此，在评价残障大学生思想政治理论课的实效性时，必须关注师资队伍的专业性。教师应具备扎实的专业基础、良好的教学能力和高尚的师德师风，以满足残障大学生的特殊教育需求。

（5）学生学习成果

学生学习成果是思想政治理论课实效性的直接体现。通过合理的评价方式，全面了解学生的学习状况，如知识掌握程度、思维能力、实践能力等。同时，关注学生的个体差异和不同需求，鼓励学生在学习中发挥主观能动性，培养其自主学习和终身学习的能力。

（6）社会实践价值

思想政治理论课的教学效果不仅体现在课堂内，更应延伸至社会实践中。评价社会实践价值时，应关注学生是否能将所学知识应用于实际生活和工作中，是否具备了解决实际问题的能力。同时，通过社会实践，培养学生的社会责任感和公民意识，提升其综合素质和社会适应能力。

（7）评价体系完整性

建立完整的评价体系是保障思想政治理论课实效性的关键环节。评价体系应涵盖以上所有方面，并根据实际情况进行调整和完善。同时，应注重评价主体的多元化和评价方式的多样化，以获得全面、客观的评价结果。通过不断优化评价体系，推动思想政治理论课教学质量的持续提升。

2. 制定评价指标

明确评价目标后，要围绕目标制定具体的评价指标，以确保评价的准确性和可靠性。评价指标应该具备可量化、可操作和可比性的特点。可以使用定量指标（如分数、百分比）或定性指标（如描述性文字）来表示评价结果。例如，在思想政治理论课中，可以围绕确定的评价目标，将评价指标具体制定为涉及学业表现、社会参与、生活技能等的多个方面，且每个方面都可进行进一步的细化分解。比如，学业表现可以细化为残障大学生的理论知识掌握程度、实际应用能力、思想道德品质、学习态度、学习能力等具体指标。在评价指标的确定过程中，应充分考虑残障大学生的特点，确保评价指标的科学性和针对性。

以下是一个残障大学生综合素质评价指标的示例，展示如何为残障大学生思想政治状况的综合素质进行评价。

表一　残障大学生综合素质评价等级观测点

评价项目	等级观测点（以学年为单位）		备注
	优秀	不合格	
思想政治	1. 政治觉悟高、理想信念坚定、集体观念强；遵纪守法、尊敬师长、团结同学；具有较强的社会责任感和集体荣誉感，维护学校声誉；无违法违纪行为	1. 违反国家法律法规和政策 2. 受到学校处分或受到学校、大学和有关部门通报批评 3. 受到学校处分或受到学校、大学和有关部门通报批评	① 符合任一"不合格"情况为"不合格"；在无"不合格"前提下，符合任一"优秀"情况为"优秀"；其余为"合格"
	2. 有见义勇为、拾金不昧等行为	4. 有扰乱学校正常秩序或影响学校声誉等其他行为	

续表

评价项目	等级观测点（以学年为单位）		备注
	优秀	不合格	
文明修身	1. 自觉遵守学校、大学的各项规定 2. 大一《学生手册》考试补考后仍不合格	1. 违反学校规章制度，受到学校、大学和有关部门通报批评和处分	② 符合任一"不合格"情况为"不合格"；在无"不合格"前提下，符合全部"优秀"情况为"优秀"；其余为"合格"
	3. 所在寝室3次（含）以上被评为优秀，或被评为3星级（含）以上寝室	2. 所在寝室卫生不达标3次（含）以上	
		3. 擅自在校外住宿	
	4. 在寝室无影响他人正常学习、生活和休息的行为	4. 弄虚作假，谎报、瞒报个人家庭情况以获取奖助学金或困难补助	
	5. 诚实守信，在申请奖助学金、困难助学金中实事求是，不弄虚作假	5. 恶意欠缴学费、住宿费等	
	6. 在缴纳学费、住宿费、还贷等方面无失信或违约记录	6. 不履行国家助学贷款还款承诺	
	7. 校内能正确投放生活垃圾，积极参加生活垃圾精准分类志愿服务工作	7. 在校内不配合垃圾分类的开展所在寝室未在垃圾分类检查中开展工作	
		8. 因垃圾分类工作检查不合格通报3次（含）以上	
	8. 文明出行，遵守校内外交通规则，骑电动车佩戴头盔、不违规载人	9. 骑电动车带人、不戴头盔受到行政处罚	
		10. 违反学校节约水、电、粮食等相关要求，受到通报批评或纪律处分	
	9. 积极践行绿色学校创建工作，树立节约能源资源和保护环境的生态文明理念，积极参加绿色学校相关的社团和教学、教育、科研、实践活动等	11. 无故缺席绿色学校创建相关讲座、培训等活动	
		12. 破坏学校植被、公共设施设备等不良影响的行为	

续表

评价项目	等级观测点（以学年为单位）		备注
	优秀	不合格	
服务学生	1. 在"自我教育、自我管理、自我服务"中能积极发挥模范带头作用 2. 以主人翁的姿态积极参与学校、大学、班级管理，为其发展献计献策；组织或参加各类有益的学生活动，为身边同学提供力所能及的服务和帮助助	有其他等造成不良影响的行为	同备注①
志愿服务	1. 积极参加校、院组织的志愿服务活动，个人获得院级及以上表彰或事迹得到社会表彰或媒体赞扬，或所在团队获奖 2. 积极参加无偿献血活动 3. 本学年志愿服务时长累计达到40小时及以上	志愿服务中存在服务时间不达标	同备注①
创新创业	1. 获得校级（含）以上学科竞赛名次 2. 获得院级（含）以上科研立项 3. 获得发明专利，新型实用、外观设计计专利 4. 科研论文正式发表或获奖	科研立项中途放弃未结题	同备注①
	5. 创办、注册公司，创业实绩良好 6. 在院级（含）以上职业生涯规划大赛或创新创业类比赛中获奖	科研项目、学术论文被发现抄袭查处	
职业技能	1. 获得相关的职业技能证书（证书指导目录由大学出具） 2. 辅修、选修双专业、双学位。 3. 参加职业技能展示得到相关单位表彰	所获职业技能证书考试存在舞弊、弄虚作假情况	同备注①

续表

评价项目	等级观测点（以学年为单位）		备注
	优秀	不合格	
学习态度	1.恪守学术道德，遵守学业诚信	1.学位论文、公开发表的研究成果存在抄袭、篡改、伪造等学术不端行为	同备注①
	2.学习成绩进步名次较上一学年提高 20% 以上	2.参与代写论文或买卖论文	
	3.GPA 在 3.5 以上	3.违反考试纪律、考试作弊	
	4.非英语专业四级考试超过 425 分（含），英语专业通过专业四级，专科、艺、体专业通过大学英语三级	4.不完成课堂作业，不认真听讲，对学习或取得英语以外其他外语语种国家考应付了事等。被列入学籍预警名单	
	5.一、二年级通过本专业要求计算机等级，高年级通过高于专业要求计算机等级	5.学习态度不端正，经常不完成考试未获合格证书	
		6.有 3 次（含）以上旷课记录	
劳动实践	1.崇尚劳动、尊重劳动、热爱劳动，具备劳动习惯、劳动知识和劳动技能	1.四体不勤、不爱劳动，寝室环境、个人卫生状况差	同备注①
	2.积极参加校内外义务劳动、勤工俭学，体现劳动价值	2.实践中存在应付了事、弄虚作假等现象；社会实践考核不合格	
	3.积极参加校、院组织的社会实践活动，个人获得院级及以上表彰，或个人成果获得校级及以上表彰，或所在团队获得校级及以上表彰		
	4.调研报告被大学或县级以上政府机关采纳		
文体活动	1.积极参加校、院及以上单位组织的运动动会、球赛等体育竞赛并取得名次	1.国家大学生体质测试未达标的（因特殊原因学校准予免修的除外）	同备注①
	2.积极参加校、院及以上单位组织的文艺演出，并获得登台演出机会	2.无故缺席校、院、班等组织的文体活动，经教育无改进	
	3.积极参加校级（含）以上文艺比赛并取得名次	3.因主观原因，不愿在自己能力范围参与校、院、班组织的比赛或活动；无故退赛、训练态度不端正等	

续表

评价项目	等级观测点（以学年为单位）		备注
	优秀	不合格	
文体活动	4.在体育、艺术方面有特长且有相关的等级证书	4.找人代替晨跑或替人晨跑	同备注①
大学自设项目（　）			大学自设项的观测点由各大学根据大学实际情况自行制定

表二　残障大学生综合素质评价表

（20　—20　学年）

大学　　　　班级　　　　学生姓名　　　　学号

项目	评价依据	本人自评	班级评议	备注
思想政治				
文明修身				
服务学生				
志愿服务				
创新创业				
职业技能				
学习态度				
劳动实践				
文体活动				
大学自设项				
学业成绩	GPA	班级名次		

学生本人签名：　　　　考评组副组长：　　　　班主任签名：

表三　残障大学生综合素质总评表

大学：

姓　名		学　号	
专　业		班　级	
学年综合素质 评价等级		学年综合素质 评价等级		学年综合素质 评价等级		综合素质评价 总评等级	
评价项目	等级	评价项目	等级	评价项目	等级	评价项目	等级
思想政治		思想政治		思想政治		思想政治	
文明修身		文明修身		文明修身		文明修身	
服务学生		服务学生		服务学生		服务学生	
志愿服务		志愿服务		志愿服务		志愿服务	
创新创业		创新创业		创新创业		创新创业	
职业技能		职业技能		职业技能		职业技能	
学习态度		学习态度		学习态度		学习态度	
劳动实践		劳动实践		劳动实践		劳动实践	
文体活动		文体活动		文体活动		文体活动	
大学自设项		大学自设项		大学自设项		大学自设项	
GPA		GPA		GPA		GPA	
备注：							

本人签名：　　　　班主任签名：　　　　　大学盖章：

说明：1.大学生综合素质评价分为11个方面，前10项等级为：优秀、合格、不合格，　GPA为学年或大学期间所有课程的平均学分绩点，满分为5分，认定时：4分以上为优秀，2分以下为不合格。

2.大学最后一学年综合素质评价可根据学生的奖惩情况在备注中作补充登记。

3.本表由班级统一填写，学生本人签名确认，班主任复核签名，大学审核。

3.收集数据

建立有效的数据收集机制，并对收集到的数据进行合理分析和解读，是构建残障大学生思想政治理论课实效性评价体系的关键环节。我们在对这一问题的研究过程中，曾尝试对残障大学生思想政治理论课实效性的评价指标进行相关数据的收集和分析，最终得出了一些重要的结论和建议。比如，要重视残障大学生的特殊性，制定适合他们的教学方案；要加强实践教学环节，提高残障大学生的实际应用能力；要建立有效的反馈机制，及时了解学生的学习情况，并作出相应的教学调整。而这些结论，是能够真正提高残障大学生思政课的实效性的重要指导，能够确确实实地帮助我们提升残障大学生思想政治理论课的实效性，助力残障大学生更好地成长和发展。当然，数据收集机制的建立，还有以下一些问题需要重视。

一是在收集数据时，需要注意以下几点。

（1）确保被调查者的隐私和权益得到保护。

（2）尽量采用无记名方式进行调查，以确保调查结果的真实性和可靠性。

（3）对调查数据进行严格的审核和筛选，以确保数据的准确性和完整性。

（4）对分析结果进行充分的讨论和思考，并考虑其可行性和实用性。

二是在收集方法上可以灵活多样。可以通过定期考试、作业、课堂表现、小组讨论等多种方式获得相关数据。也可以针对残障大学生的特点，采用问卷调查、访谈、观察等多种方式进行数据收集。比如，可以设计一份针对残障大学生的思政课实效性调查问卷，并选取一定数量的残障大学生作为样本，进行问卷调查。问卷应包括有关理论知识掌握程度、实际应用能力、思想道德品质等方面的具体问题。再比如，为了深入了解他们的学习情况，可以安排访谈和观察活动。同时，还可以充分利用信息化手段，如大数据分析等，以提高数据收集的效率和准确性。

三是在数据分析方面，在收集到数据后，应运用科学的方法进行分析。可以通过定性和定量分析相结合的方式，深入挖掘数据背后的信息，为教学改进提供有力的支持。以运用统计分析软件对收集到的数据进行处理和分析为例，可以首先进行描述性统计分析，了解样本的基本情况。然后进行信度和效度检验，以确保数据的可靠性和有效性。最后进行因子分析和回归分析，深入挖掘影响思政课实效性的因素，为教学改进提供依据。

4. 设计评价工具

根据评价指标，设计相应的评价工具。评价工具可以包括问卷调查、测试题目、观察记录表等。评价工具的设计应该考虑到被评价对象的特点和实际情况，确保能够准确反映其表现和能力。为构建适用于残障大学生的思想政治评价体系，我们需要充分考虑其特殊性，制定合适的评价标准和工具。以下是一个简单的评价工具示例。

（1）问卷调查：设计涵盖思想政治各方面内容的问卷，包括对国家政策的理解、社会热点问题的看法等，以了解学生的思想状况。

（2）观察记录：通过日常观察和记录学生的行为表现，分析其思想政治素质的发展变化。

（3）作品评价：对学生参与的思想政治类活动或作品进行评价，如社会实践报告、主题演讲等，以评估其思想政治素质的实际应用能力。

（4）综合评价：结合以上多种评价方式，对学生进行综合评价，并给出具体的建议和指导。

我们可以根据残障大学生思想政治理论课开课的现实情况，在上述可参考的评价工具中进行选择，为残障大学生思想政治评价体系的构建做好充分准备。

5. 实施评价

（1）多元化的评价方法

对残障大学生思想政治理论课的实效性评价，可以采取多元化的评价方法，从多个角度、多个类别进行评价：一是综合评价法。这一方法可以对残障大学生的思想政治素质、社会适应能力、自我发展能力等多个方面进行综合评价，以形成全面了解其思想状况和综合素质的评价结论。二是层次分析法。这一方法可将残障大学生的思想政治素质分解为多个层次，对每个层次进行权重分析，再对各个层次进行综合评价，以得出其思想政治素质的总分。三是模糊评价法。由于思想政治素质的评价具有一定的模糊性，通过对各项指标的模糊处理，可以更准确地反映实际情况，因此，采用模糊教学方法进行建模和评价同样具备参考价值。四是比较研究评价法。通过选取不同类型、不同地区的残障大学生进行比较研究，以发现其思想政治素质的差异和特点，为评价体系的构建提供参考。在具体操作中，可以根据实际情况选择适合的评价方法，也可以将多种方法结合起来使用，以得出更加客观、准确的结果。同时，应该注意评价方法的科学性、可操作性和实用性，确保评价结果能够真实反映残障大学生的思想政治素质。

（2）实施评价的原则

根据选择的评价方法和评价指标，对残障大学生进行实际的评价活动。在实施过程中，应注意以下几点原则。

一是要公平对待。确保每一位残障大学生都得到公平的评价机会。

二是要及时反馈。及时将评价结果反馈给残障大学生和教师，以便进行有针对性的指导和改进。

三是要及持续改进。根据评价结果和反馈信息，不断调整和改进评价体系，以提高评价的准确性和可靠性。

仍以残障大学生综合素质评价为例，可以通过制定评价方案来确保对上述原则的有效执行。

附：残障大学生综合素质评价办法

第一条　为贯彻党的教育方针，落实立德树人根本任务，改革残障大学生评价体系，引导残障大学生践行社会主义核心价值观，培养"明体达用"的高素质应用型人才，塑造残障大学生君子人格，引导和激励残障大学生个性化、多样化发展，根据上级有关文件精神，结合我校实际，制订本办法。

第二条　残障大学生综合素质评价是对残障大学生在大学期间的德、智、体、美、劳全面发展的评价。评价结果是残障大学生评奖评优的重要依据，也是残障大学生在校表现的重要支撑材料。评价既要突出评价对象的主体性、发展性和全面性，又要注重评价实施的可操作性和规范性。

第三条　残障大学生综合素质评价的内容由11个项目组成：思想政治、文明修身、服务残障大学生、志愿服务、创新创业、职业技能、学习态度、劳动实践、文体活动，大学自设项目和学业成绩。学业成绩项为平均学分绩点（GPA），由各大学教学办按照《大学全日制本科学分制实施办法》确定；其他项目采用等级制评价，分为优秀、合格、不合格三个等级，由各大学学工办负责评定。11项评价统计综合后，即为残障大学生一学年的综合素质评价结果。

第四条　评价按照各项目等级观测点（详见表一）进行。各大学可根据本院实际适当修订每项观测点，大学自设项观测点由各大学自设。

第五条　评价适用对象为具有我校学籍的全日制普通高等教育本专科残障大学生。残障大学生综合素质评价每学年开展一次，每年9月份完成。评价共有本人自评、班级评议和大学审核3个程序。

1.本人自评。残障大学生结合本人在校期间的表现，依据项目等级观测点，自主确定各项目的评价等级，填写《残障大学生综合素质评价表》（详见表二），并准备相关的证明材料。

2.班级评议。班级成立综合素质评价小组，依据班级日常考核材料及其他相关材料在残障大学生自评的基础上进行集体评议。评价小组由班主任、班长、团支书和残障大学生代表组成，班主任担任组长，班长、团支书担任副组长，残障大学生代表由全班同学公开推选，要求非班干部残障大学生代表数不少于班级评议小组人数的三分之一。集体评议汇总表需在班级内公示3天，公示无异议后上交大学。

3.大学审核。大学审核残障大学生自评和班级评议结果，残障大学生综合素质评价结果经公示无异议后，作为评奖评优依据材料。

第六条　对毕业生的综合素质总评一般在最后一学年的第一学期进行，按照《大学残障大学生综合素质总评表》（详见表三）所列项目评价。

前3年评价中有2次及以上"优秀"，且没有"不合格"的，总评为"优秀"；前2年评价为"合格"，第3年评价为"优秀"的，总评为"优秀"。有2次及以上"不合格"的总评为"不合格"；其余评价为"合格"。（五年制专业评定方法：前4年评价中有2次及以上"优秀"，且没有"不合格"的，总评为"优秀"。有2次及以上"不合格"的总评为"不合格"；其余评价为"合格"。）毕业生在毕业前最后一学年的奖惩，可按照本办法相关规定修正其毕业总评中相关项目的评定等级。

第七条　毕业生总评汇总结果经公示无异议后，由大学盖章确认，大学留存。

第八条　对参加学校交换生项目、合作办学项目的残障大学生的评价，由大学根据实际情况自行确定。

第九条　院学工办、校学工部在评议期间接受关于评议的各类申诉。

第十条　残障大学生在自评过程中有弄虚作假的，班级评议和大学审核可将相应项目和"文明修身"项目直接确定为"不合格"。

第十一条　各大学可根据本办法制定本大学的实施细则，向残障大学生告知并在残障大学生处备案后执行。专升本、专科残障大学生参照本办法由残障大学生所在大学制定相应细则。

第十二条　本办法自发文之日起执行，由校党委负责解释，由学工部具体承办，未尽事宜以上级文件为准。

6. 分析评价结果及反馈

对评价结果进行综合分析和反馈，是构建评价体系、达到评价目的最后一步。

对评价结果进行深入分析，才能给出改进残障大学生思想政治理论课的具体办法，才能找到提升残障大学生思想政治理论课实效性的关键钥匙。根据评价结果建立评价档案，为每个残障大学生记录思想政治表现和成长轨迹，便于我们对残障大学生的思想状况进行长期跟踪和评估。

同时，根据评价结果要形成最终反馈，即整个评价体系应该具备反馈和改进的机制，及时将评价结果反馈给学生和教师，以帮助他们了解自身的优势和不足，并针对评价结果进行个性化的学习和教学改进。

首先，应注重反馈机制的建立。在教学过程中，应及时收集学生和教师的反馈意见，针对存在的问题和不足进行改进。例如，可以定期开展学生和教师座谈会，对教学中存在的问题进行深入探讨和交流。

其次，反馈的内容要有全面性，要涵盖教学内容、教学方法、教学资源等多个方面。因为教学的各个方面事实上会形成一个完整的链条，相互之间都能产生影响，因此，要站在全局的高度对各个环节都形成反馈，才能前后联系地找出一些存在问题的真实原因。

再次，针对反馈意见中提到的问题和不足，应采取具体的改进措施并予以实施，尤其是要结合残障大学生的具体特点给出建议。例如，在评价过程中，发现视障大学生存在的感官障碍影响了学习效果，在建议中可以提出要注重利用多媒体、实物展示等多种教学手段，增强其感知效果的相关建议。再比如，针对教学方法单一的问题，可以提出开展教学研讨、观摩优秀教师的教学活动等具有可操作性的意见，以提高教师的教学水平。

综上所述，要提高残障大学生思想政治理论课的实效性，需要建立科学、合理、可操作的评价体系，完善反馈与改进机制，以保障教学质量和效果。

7. 持续优化与更新

评价体系不是一成不变的，应该根据实践经验不断优化和更新，以确保评价体系的有效性和实效性。基于残障大学生思想政治理论课实效性研究的特殊性，要树立根据现实持续优化和更新的意识，才能确保建立一个科学、全面的评价体系。

第四节　残障大学生思想政治理论课的教师队伍建设

一、残障大学生教师队伍建设的重要性

（一）教师队伍建设是人才培养质量的保障

残障大学生的思想政治理论课要真正发挥其立德树人的育人功能，关键在教师。教师队伍的建设是培养人才过程中的关键环节。他们不仅要传授学科知识，还担负着培养残障大学生的思维能力、创新能力和社会责任感等综合素质的重任。优秀的教师队伍能够激发残障大学生的学习兴趣和潜能，帮助他们全面发展，为社会培养出更多有能力、有担当的人才。

1. 教师在残障大学生接受马克思主义理论知识方面，扮演着极为重要的角色，教师队伍的建设关系着残障大学生思想政治理论知识水平。通过教师的讲解和指导，残障大学生要系统掌握马克思主义理论、中国特色社会主义理论等核心知识，从而培养正确的世界观、人生观和价值观。

2. 教师是残障大学生思想的引领者，在残障大学生思想上存在迷茫和困惑

时，教师的作用不仅仅是传授知识，他们更要成为学生思想的引路人，帮助学生明确自己的方向，坚定自己的信念。

3.教师是学生社会适应能力的培育者，在思想政治理论课中，教师会结合实际，教导残障大学生如何处理人际关系、如何面对社会的复杂情况，向残障大学生传递正确的道德规范和价值观念。这样的教育有助于残障大学生更好地融入社会，增强他们的社会适应能力。

4.教师是学生心理健康的守护者。一个优秀的教师队伍会及时关注残障大学生的心理健康状况，及时发现并解决残障大学生出现的一些心理问题，引领其身心的健康地成长。

5.教师是学生全面发展的推动者。除了知识和技能的传授，优秀的教师队伍还会关注残障大学生的全面发展，包括培养残障大学生的创造力、批判性思维等能力。

综上所述，残障大学生思想政治理论课教师队伍是确保残障大学生健康成长、全面发展的关键所在。因此，要高度重视这支队伍的建设，为其提供充分的培训和发展机会，确保他们能够为残障大学生提供高质量的教育服务。同时，社会和学校也应该为教师创造一个良好的工作环境，尊重他们的劳动成果，给予他们足够的支持和鼓励。只有这样，我们才能真正培养出一批有知识、有能力、有道德的残障大学生，为社会的繁荣稳定作出贡献。

（二）教师队伍建设是教学质量的保障

在高等教育体系中，思想政治理论课是培养学生综合素质的重要课程之一。对于残障大学生而言，思想政治理论课更是帮助他们更好地融入社会、实现自我价值的重要途径。教师作为教育的主体承担着传授残障大学生专业知识的重要任务，他们的教学水平、专业知识和师德师风等因素都会对教学效果产生影响。一个合理的教师队伍应该包括不同专业背景、不同年龄层次和不同教学经验的教师，这样能够充分发挥各自的优势，形成良好的教学团队。同时，教师队伍的性别比例、种族背景等因素也会对教学效果产生影响，因为这些因素可能会影响学生的学习动机和课堂参与度。由此，教师队伍的建设是保障教育质量的关键。

教师队伍的素质和专业化水平决定了教育质量的优劣。优秀的教师队伍能够提供更加专业化的教学服务。能够在专业领域对残障大学生进行全面培养和指导，为残障大学生提供高质量的思想政治理论教育。思想政治理论课涉及的知识领域非常广泛，需要教师具备扎实的专业基础和丰富的教学经验。只有具备专业素养的教师才能准确地把握课程的核心内容，将理论知识与实践相结合，帮助他们树立正确的世界观、人生观和价值观，为学生提供有深度的教学服务，这对于提高残障大学生的学习成绩和综合素质非常关键。

（三）教师队伍建设是残障大学生学习成效的保障

首先，优秀的教师队伍善于探索提高学生学习兴趣的方式方法。残障学生由于自身的特殊性，往往在学习上存在一定的困难。然而，如果教师能够不断探索，根据教学对象的现实情况，积极尝试教学方法改革等手段，以生动有趣的方式呈现课程内容，用贴近学生生活的教学案例引导学生思考，便能激发学生的学习兴趣，使他们更加主动地参与到学习中来。

其次，教师队伍的稳定性也是影响残障大学习效果的重要因素。频繁更换教师可能导致教学的连贯性受到影响，这对残障学生学习效果的影响往往会大于正常大学生。因此，建立一支相对稳定的教师队伍，有利于保证教学的持续性和稳定性，提高残障大学生的学习效果。

二、残障大学生教师队伍建设的要求

残障大学生教师队伍建设的要求，包括专业化、多元化、个性化、具备团队合作意识和能够持续发展这五个方面。这里主要强调教师队伍建设要注重专业知识和教育理念的提升，关注残障大学生的个体差异和发展需求，探讨如何形成良好的教师团队文化，促进教师之间的合作与交流，提高教学质量和效果。

1. 专业化

教师队伍应具备较高的思想政治理论素养和教育教学能力，能够针对残障大学生的特点开展有效教学。具来来说，残障大学生思想政治理论课的教师队伍在专业化建设方面，要着重在以下几个方面下功夫。

（1）具备扎实的专业理论基础：教师应具备扎实的思想政治理论基础，以及丰富的教育教学经验。他们需要经过专业的培训，确保能够有效地为残障大学生传授知识。

（2）拥有良好的师德师风，以学生为中心：教师在教学中应始终把学生放在中心位置，关注他们的学习需求和体验，不断优化教学过程，以提高教学效果。

（3）有教育心理学基础：教师应掌握教育心理学的基本原理，了解残障学生的心理特点和学习需求。这样可以帮助教师更好地设计和实施有针对性的教学方案。

（4）具备教学技巧：教师需要根据残障学生的认知特点和学习能力，采用适当的教学方法和技术，确保教学内容能够被有效地理解和吸收。

（5）具备跨学科合作能力：思想政治理论课的教学需要与其他学科进行交叉融合，如社会学、历史学等。因此，教师之间以及教师与相关专业人员之间应建立良好的合作关系。

（6）确保专业能力的持续提升：教师队伍的建设是一个持续地过程，应鼓励教师进行学术研究和交流，教师需要不断学习和进修，了解特殊教育领域的最新发展动态和研究成果，以便不断更新自己的教学理念和方法，提升自身的专业素养和教学水平。此外，教师还需要了解与残障人士相关的法律法规和政策，在教学语言、案例选择以及行为举止方面确保自身符合法律法规要求。

（7）有完备的教学评价与反馈机制：建立有效的评估机制，定期对教师的教学进行评估，并提供反馈和建议。这有助于教师发现并改进教学中存在的问题，促进教师队伍的持续发展。

综上，建立一个专业化、高效且能够满足残障大学生需求的思想政治理论课教师队伍是残障大学生教师队伍建设的首要要求。这需要注重教师队伍的培训和发展，提高教师的专业素养和教学能力，为残障大学生的思想政治理论课提供更好的教学服务。

2. 多元化

教师队伍建设的多元化要求，主要包括教师队伍构成的多元化、教学方法和手段的多元化以及评价方式的多元化。

首先，教师队伍的构成应该多元化。残障大学生的思想政治理论课需要有一支具备不同专业背景和教学经验的教师团队。这支团队应该包括具有思想政治理论专业背景的教师、具有特殊教育背景的教师、具有心理学和社会学背景的教师等。通过多元化的教师队伍，可以更好地满足残障大学生的特殊需求，提高教学效果。

其次，教学方法和手段应该多元化。在教学过程中，教师应充分考虑到不同残障大学生的特点和需求，采取多样化的教学方式和手段。例如，残障大学生在认知、情感、社交等方面存在一定程度的障碍，因此，需要采用更为直观、生动、易懂的教学方法和手段。在教学过程中，就可以采用图文并茂的PPT、视频、音频等多种形式的教学资源，以及互动式、体验式等多种教学方法，以激发学生的学习兴趣和积极性，促进残障大学生的学习和发展。

最后，教师对学生学习的评价方式应该多元化。残障大学生思想政治理论课的评价体系可采用多种方式进行，包括考试、课堂表现、作业、小组讨论等。通过多元化的评价方式，可以更全面地了解学生的学习情况，发现学生的优点和不足之处，为后续的教学提供更有针对性的指导和建议。

总之，在残障大学生的思想政治理论课中，教师队伍建设需要遵循多元化

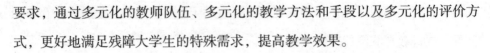

要求，通过多元化的教师队伍、多元化的教学方法和手段以及多元化的评价方式，更好地满足残障大学生的特殊需求，提高教学效果。

3. 个性化

在开展残障大学生思想政治教育教学的过程中，教师需关注每个残障大学生的个体差异，制定个性化的教学计划和方案，帮助他们充分发挥潜能，因此，对这支教师队伍的建设不能遵循过于统一的要求，需要以个性化原则为导向，形成一支具备"个性化"能力的教师队伍，具体可从以下几个方面显现其"个性化"。

（1）关注学生的个性化需求：教师需要充分了解残障学生的特点、需求和学习能力，以便为他们量身定制合适的教学方法和内容。这需要教师具备一定的特殊教育知识和技能，能够有效地与残障学生沟通，理解他们的需求。

（2）注重个性化教学：残障学生通常存在个体差异，因此，教师需要根据每个学生的特点、需求和学习风格制订个性化的教学计划。这需要教师具备创新且灵活的应变能力，能够根据学生的实际情况及时调整教学策略。

（3）建立"个性化"评价体系：教师需要建立不同于健全大学生的评价体系，对残障大学生的学习成果进行科学、客观的评价。评价结果可以为教师提供反馈，帮助他们了解教学效果，并改进方向。同时，评价结果还可以为学生和家长提供信息，帮助他们了解残障大学生的学习状况和发展潜力。

4. 培养合作意识

教师队伍应与其他相关专业人员（如心理咨询师、康复治疗师等）密切合作，共同为残障大学生提供全方位的支持和服务。因此，培养合作意识在残障大学生思想政治理论课的教师队伍的建设中至关重要，它要求在教师队伍建设过程中，通过跨学科合作、师生合作、校内团队合作、校际合作、校企合作、家校合作等方式，整合资源、共建共享、互助共赢、持续发展，以提升教师队伍的整体素质和能力。

强化团队合作：教师需要相互合作，共享教学资源、教学方法和经验，以便更好地应对学生多样化需求的挑战。团队合作还可以促进教师之间的交流和学习，提高整体教学水平。

（1）跨学科合作

思政课教师需要具备一定的教育学、心理学、社会学等多学科知识，以便更好地理解残障大学生的特点和需求，并选择适合的教学方法和手段。因此，可以邀请相关学科的教师共同参与课程建设和教学，优势互补，提高教学效果。针对残障大学生的特殊性，思想政治理论课的教师需要与特殊教育、心理学、社会学等相关学科的教师进行跨学科合作，共同研究残障大学生的认知特点、心理需求和社会适应性，为课程设计和教学提供科学依据。

（2）师生合作

在残障大学生的思想政治理论课教学过程中，教师应积极与学生合作，了解学生的学习需求和困难，根据学生的实际情况有针对性地调整教学方法和内容，提升教学效果。因此，教师要鼓励学生参与教学过程，并给予学生足够的自主权和参与机会，培养师生之间的合作关系。同时，师生合作也有助于建立良好的师生关系，促进学生的学习积极性。

（3）校内团队合作

学校可以组织思政课教师成立教学团队，定期开展教学研讨和交流，共同探讨教学方法和策略，分享教学经验和心得，提高教学质量。同时，也可以邀请其他学科的教师参与教学团队，分享他们在其他学科领域的知识和经验，拓宽教学视野。通过校内的团队合作，思想政治理论课的教师可以和同行在共同研究教材、探讨教学方法和建立评价方式的过程中，分享教学经验和教学资源，相互学习、相互促进，不断提高个人教学能力和教学质量。

（4）校际合作

高校之间应加强残障大学生思想政治理论课的教师队伍建设合作，共同开展教学研究、课程设计和教材开发等活动。通过校际合作，可以实现资源共享、优势互补，提高教师队伍的整体水平。学校可与其他高校和机构开展合作，共同探讨残障大学生的思想政治教育问题，共享教育资源和经验。例如，可以邀请知名专家、学者讲授相关课程，组织学生参加社会实践活动，促进思政课的教学和实践结合。可以通过参加国际学术交流会议、开展国际教育项目等方式，加强与国外高校和机构的合作与交流，借鉴国外先进的残障大学生思想政治教育经验和方法，并结合我国的实际情况，不断创新和改进教学模式和方法，提升教学效果。

（5）校企合作

对于残障大学生思想政治理论课教师来说，具备校企合作意识也是十分必要的。很多企业是残障大学生迈入社会前绝佳的实践场所，校企合作直接关系着残障大学生的实践、就业等问题，对于残障大学生了解社会、适应社会起着重要作用。校企合作同样也影响着教师开展关于教学方面的研究，有助于教师将理论知识与实践相结合，不断提高教学质量。

（6）家校合作

良好的家校合作能够发挥事半功倍的育人效果，家庭作为残障大学生入学前最重要的成长环境，对残障大学生的性格塑造、价值观念的形成都起到了重要作用，建立良好的家校合作关系，有助于教师对残障大学生的全面了解，对于很多他们思想上的困惑也能找到根源性的成因，这对于开展残障大学生思想政治教育是至关重要的，教师可以通过良好的家校合作，与残障大学生的家庭形成育人合力，进而可以更加轻松地实现育人目标。

5.持续发展的要求

教师队伍应不断更新知识、提高教育教学水平，关注国内外残障大学生教育的最新动态，努力提升教育质量。在残障大学生思想政治理论课的教师队伍建设中，持续发展强调的是教师在整个教学过程中的不断学习和成长，以及在教学实践中不断探索和创新的精神。

首先，持续发展原则要求教师具备自我学习和提高的能力。作为教师，需要不断更新自己的知识体系，关注思想政治理论领域的新动态和新观点，以更好地引导学生。同时，教师也需要不断提高自己的教学技能和教学方法，以更好地适应学生的需求和变化。

其次，持续发展原则强调教师的团队合作和共同成长。在教学实践中，教师需要与其他教师进行合作，分享经验和资源，共同解决教学问题。同时，教师也需要与学生建立良好的互动关系，了解学生的需求和反馈，以更好地调整教学策略。

最后，持续发展原则需要教师具备创新精神和实践能力。在教学实践中，教师需要不断探索新的教学方法和手段，以提升教学效果。同时，教师也需要关注实践中的应用，将理论应用于实践中，以更好地推动思想政治理论课的教学改革和发展。

总之，持续发展是残障大学生思想政治理论课的教师队伍建设的必然要求。只有不断学习和成长，加强团队合作和共同成长，增强创新精神和实践能力，才能更好地推动思想政治理论课的教学改革和发展。

三、当前残障大学生教师队伍建设存在的问题

这里主要探讨残障大学生思政课教师队伍建设中存在的问题，教师在教学过程中所面临的困境。由此探讨提升教师能力的方法和措施，包括培训、学习交流、教育资源支持等方面的建议，以提高残障大学生思想政治理论课的实效性。

1. 师资力量不足

由于缺乏专门培养和选拔残障大学生思想政治理论课教师的机制，导致残障大学生思政课教师队伍师资力量不足，课程质量难以保证，教育效果不佳。当前，残障大学生思想政治理论课教师队伍基本全部由健全大学生思政课教师

调任。一方面存在着年龄结构、职称结构、学历结构均不合理的状况；另一方面，由于对这支教师队伍的培训和激励机制也不够完善，导致这支教师队伍出现了难以壮大的现状。可见，师资力量不足的问题，已经成为当前制约残障大学生思想政治理论课教学实效性的最主要问题。

2. 专业化程度不高

当前，残障大学生思想政治理论课教师队伍普遍缺乏残障教育专业背景，导致部分教师的专业素养和教育能力存在不足。在实际的课堂教学中，很多残障大学生思政课教师都无法有效应对残障学生在学习中的特殊需求与困难，这在一定程度上影响了教学质量和效果。具体表现如下。

一是一些残障大学生思想政治理论课教师由于缺乏残障教育专业背景，导致他们在教学中难以充分考虑到残障大学生的特殊需求，教学内容、方式方法与实际脱节的情况时有发生：有时是教学方法过于传统，缺乏创新性和实效性，不能有效地激发学生的学习兴趣和积极性；有时是对教学内容选取得不够恰当；有时是对教学准备内容的难易程度把握不准，无法实现有针对性地帮助学生制订学习计划。这些情况都在一定程度上影响了残障大学生思政课的实效性。

二是一些残障大学生思想政治理论课教师由于缺乏残障教育专业背景，在与残障大学生的交流中难以理解他们的心理特征和生理特点，对一些针对残障大学生开发的学习平台和工具也缺乏熟练运用，导致教学过程受阻，容易使残障大学生产生被忽视、被边缘化的感觉，因而丧失了对这门课程的学习热情，导致学习动力不足。

三是由于残障大学生在生理上存在着一些障碍，比如听力、语言、沟通协调等方面存在着各种困难，需要教师具备跨学科的沟通与互动能力，以有效传递知识和与学生建立有效的互动。但当下不少残障大学生思想政治理论课教师由于缺乏残障教育专业背景，在课堂教学中与残障大学生的沟通存在困难，导致教学效果受到限制。比如，教师无法准确了解学生的学习状况和需求，无法及时调整教学策略；一些教师手语能力欠缺，不能熟练运用手语对要讲解的所有内容进行流畅表达，更多时候靠文字传达，就会导致教学进度缓慢，更谈不上一些教学技巧的运用，无法为残障大学生思想政治理论课提供有效的教育支持，从而影响教学质量。

上述这些由于缺乏专业背景而导致教学中出现的问题，使很多残障大学生思政课教师形成了相似的感受，即该课程上得吃力，身心俱疲，而课堂教学效果却不尽人意，成就感低。由此，加快推进残障大学生思想政治理论课教师队伍专业能力的提升成为亟待解决的问题。

3. 缺乏专业发展机会和支持

在前面的分析中，我们发现针对残障大学生这一特殊群体，其思想政治理论课的教师不仅需要具备扎实的专业知识，还需要具备特殊的教育教学能力，以适应残障学生的特殊需求。由此，教师需要得到学校和相关部门的支持，获得更多的资源和培训机会，通过不断提升自身的专业素养，以更好地满足残障大学生的学习需求。然而，目前这类教师的专业发展机会和支持却相对较少。一些教师缺乏相关的专业培训和学习机会，无法及时更新自己的教育理念和教学方法。一些教师在参加培训过程中，发现现有的培训形式过于单一，培训质量不高，培训内容往往不能针对教师的实际需求，缺乏互动性和实践性，难以激发教师的参与热情，最终导致培训效果不佳。

由此，当前残障大学生思想政治理论课教师队伍建设缺乏专业发展机会和支持的问题，是我国高等教育中一个值得重视的问题，这不仅影响了教师的专业成长，也制约了残障大学生思想政治理论课实效性的提高。

四、残障大学生教师队伍建设的策略

（一）完善人才引进机制，注重人才选拔

学校应完善人才引进机制，提高人才引进的质量和效率。例如，可以建立完善的招聘标准和流程，优化招聘渠道，吸引更多的优秀人才加入教师队伍。

1.增加教师数量。通过招聘，引进优秀人才，可以提升残障大学生教师队伍的整体素质。要加大对残障大学生思想政治课教师的招聘力度，吸引更多具有相关专业背景和经验的人才加入教师队伍。拓宽招聘渠道，与相关教育机构、特殊教育学校合作，提供良好的工作环境和必要的教学支持，吸引更多专业人才加入残障大学生思想政治教育队伍。可设立专项计划，制订针对残障大学生思想政治课教师的招聘计划，提供有吸引力的待遇和发展机会，可适当放宽学历、专业等要求，并注重考察教师的教学能力、专业素养和人文关怀等方面的素质，吸引更多的适合的人才加入残障大学生思想政治课教师队伍。同时，通过加大招聘宣传力度，让更多具有这一领域专长的人才及时掌握招聘信息，投身特殊教育事业。总之，要通过招聘计划的实施，不断优化教师结构，以满足教育需求。

2.选拔专业人才。在选拔思政课教师时，可以更加注重候选人的专业素质、教育背景以及实践经验等方面，选择有能力、有热情、有责任感的优秀人才加入思政课教师队伍。首先，选拔具有相关专业背景和教学经验的教师是提高教师队伍素质的基础。其次，在选拔过程中，应注重教师的教育理念、教学方法和思想政治理论水平。再次，学校在选拔教师时，应该注重教师的人文素养。可以通过面试、笔试等方式，考察教师的人文知识、人文素养和人文精神，选择具有较高人文素养的教师。最后，在教师选拔阶段，应更加注重候选人的道德品质，对于残障大学生的教育，不仅需要扎实的专业基础，更需要有足够的耐心、爱心和特殊教育经验。因此，在选拔过程中，应增加对候选人特殊教育相关人才以上几个方面的综合考察。

（二）重视教师培训与进修，加强交流与合作

教育家朱永新在《新教育》一书中说："没有教师的发展，永远不会有学生的成长……教育成败得失的关键在于教师的专业素养。也就是说，只有高度的专业发展，对职业的认同、信仰，对教育的热爱，才最终有教育品质的保证。"① 由此，教师的发展、专业素养的提升是教师一辈子都要做的功课，因此，学校要通过多种途径加强对教师的培训，帮助他们了解最新的教学方法和教育理念，提高教师的专业素养和教学能力。通过培训，教师可以掌握更多的教学方法和技巧，从而更好地为学生服务。提供定期的师资培训机会，帮助教师不断提高自身的教学水平和专业素养。这可以包括校内外的学术交流、研讨会、进修课程等。

1. 加强在职培训。针对现有教师，学校可以组织专门的残障大学生思想政治教育培训，为教师提供相关的专业培训和进修课程。例如，组织研修班或学术交流活动，邀请专家学者举办讲座和指导。培训形式可以包括集中培训、分散培训、在线培训等多种形式，以满足不同教师的培训需求。通过开展定期的培训和研讨活动，提升教师的教学水平和专业素养。培训内容既要包括思想政治理论、教育教学方法、特殊教育心理学等方面的理论知识，也要包括针对残障大学生开展思政课教学的方法和策略等，可以邀请残障大学生教育的相关专家和学者，分享他们在残障大学生教育领域的实践经验和研究成果，帮助教师们不断提升自身的教学水平和专业素养，更好地适应与残障大学生相关的教学需求，从而更好地设计和实施教学。

2. 重视岗前培训。岗前培训能为残障大学生思想政治课教师提供系统的专业培训，打牢新教师关于特殊教育的相关理论基础，为其提供一定的教学技能和实践经验，让新教师了解最新的教育教学方法和技术手段，不断更新教育理念，提升教学效果。培训的内容要包括特殊教育理论、教学方法、心理辅导和人文素养等方面的知识和技能。尤其是要注重通过培训提升新教师的人文素养，因此，培训中要注重增加包括人文知识、人文素养、人文精神等方面的内容，帮助教师更好地理解和把握人文教育的理念和方法。提高教师对残障学生

---

① 朱永新. 新教育[M]. 桂林：漓江出版社. 2021：103.

的认识，增强教师的特殊教育能力，对于已经入职的思想政治理论课教师，应定期对其进行人文素养的培训。

3. 推行教师交流制度。学校可以组织定期的教师交流会议或研讨会。例如开展示范教学、教学观摩、教学研讨等，让残障大学生思想政治理论课的教师们有机会分享彼此的教学经验、教学方法和教学资源，以及处理学生特殊情况的经验。学校也可以组织教师前往其他学校或者有关机构参观学习，了解不同区域、不同学校对于残障大学生思想政治教育的实践和经验，从而拓宽教师的视野，提高他们的教学能力和水平。这不仅可以促进教师间的信息、经验共享，还可以通过探讨，发现问题并共同探讨解决方案，这对新手教师来说，可以帮助他们更快地适应角色，提高教学质量。此外，还要鼓励残障大学生思想政治课教师到其他高校或相关机构进行访学交流，通过组织教师参加研讨会、工作坊等活动，开展实践交流，分享教学经验和教学方法，开阔视野，借鉴他人的成功经验和做法，促进教师之间的经验交流和分享，促进教师队伍共同提高教学质量，提升整体素质。

4. 开展合作教学项目。学校可以鼓励残障大学生思想政治理论课的教师之间开展合作教学项目，可以通过成立教研室、课题组等形式建立教学团队，促进教师之间的合作与交流，分享教学经验和资源，提高整体教学水平。例如，共同设计课程、共同承担教学任务、共同开展教学研究等。通过集体备课、课题研究等方式，共同探讨教学问题，推动教学改革和创新，促进教师之间的合作与共同进步。通过合作教学项目，教师们可以相互补充、协作，共同提高教学质量，为残障大学生提供更好的教学服务。鼓励教师们合作开发新的课程内容和教学方式。通过集体智慧，教师可以更全面地满足学生的学习需求，同时，也能提升个人的教学技能。

5. 加强校企合作。学校要鼓励残障大学生思政课教师加强与企业的合作，为教师提供更多的实践机会和科研平台。通过校企合作，教师可以更好地了解企业的需求和发展趋势，提高自己的教学和科研能力。与企业合作，能为教师提供更多的实践和研究机会。这有助于教师将理论知识与实践相结合，提高教学质量和效果。

6. 加强与社会机构合作。为了提高残障大学生思想政治理论课的实效性，学校可以积极与残障教育研究中心、心理咨询机构、社会福利机构等建立合作关系。这些机构拥有丰富的专业知识和资源，可以为教师提供专业指导和支持，帮助他们更好地理解残障大学生的特殊需求，制定更有效的教学方案，提供更个性化的教学服务。通过合作，可以共同探讨残障大学生思想政治理论课的教学问题，分享教学资源和经验，从而提高教学实效性。同时，与这些相关机构或学校建立合作关系，还可以实现共享教学资源，提供或接受实习机会，扩大教师的专业视野。

7. 完善培训体系。建立健全的教师培训体系，根据教师的实际需求和专业背景，为他们提供个性化的培训和发展计划，帮助他们不断提升自己的能力。同时，为残障大学生思政课老师提供更多的实践教学机会，让他们在实际教学中积累经验，提高教学能力和应对特殊需求的能力。

综上，建立健全的教师培训机制，为教师提供系统化、多样化的培训机会，可以帮助教师更好地理解残障大学生的特殊需求，提高对残障大学生的教学适应能力，从而提高教学实效性。教师的专业发展和成长离不开持续的培训和教育。针对残障大学生的思想政治课教学需求，应定期开展相关的教学技能培训、教学方法研讨等活动，帮助教师提升自身的教学能力。同时，应鼓励教师参加学术交流、课题研究等活动，提升他们的学术水平和实践能力。

（三）建立教学评价机制，促进教师自我提升

学校可以通过建立科学的教学评价机制，对教师的教学效果进行评价。在整个评价过程中，除了要对教师的教学能力和教育效果进行评价，也要关注教师对残障大学生的关注和理解程度。包括教师在教学中对残障学生的关注度、

对学生个体差异的处理能力、教学过程中的情感关怀等方面。评价结果可以作为教师晋升、奖励等方面的依据，激励教师不断改进教学，促进教师自我提升。

对于一套完善的教师评价机制来说，首先，要明确评价目标，以提升教师教学水平和学生满意度为主要评价指标。其次，要制定科学的评价标准，注重教师教学方法和教学效果的评价。再次，要建立多元化的评价指标体系，包括教学效果、学生反馈、专业发展等方面，以全面评估教师的工作表现。定期进行教学评价，通过学生评价、同行互评、教学督导等方式，及时了解教师的教学质量和效果。具体来说，在构建过程中，要全面考虑以下这些注意事项。

1. 将教学效果纳入评价体系：在评价教师时，不仅要考虑其教学内容和方法，还要考虑其教学效果，即残障大学生的实际学习情况和表现。可以通过残障大学生的课程评价、考试成绩、行为表现等方式来衡量教学效果。

2. 建立多维度评价指标：评价教师时，应从多个维度进行评价，评价指标可以包括教学效果、教学态度、教学创新、师德师风等方面，既要注重教学成果，也要关注教师的教学态度和教学方法。通过多维度的评价，可以发现教学中存在的问题，并及时进行改进，提高教学质量。

3. 采用多角度的评价方法：要注重评价的公正性和客观性，采取多种评价方式相结合的方法，全面、准确地反映教师的实际工作情况。评价方法可以包括学生评教、同行评教、教学督导等多种方式，通过多维度的评价，全面了解教师的教学情况，发现问题并及时进行改进。

4. 实施过程评价：不要只在课程结束时对教师进行评价，可以通过课堂观察、学生反馈、教师自我评价等方式对教师的教学过程进行评价，以便及时发现问题并进行改进。

5. 鼓励教师创新教学方法：在评价指标中，要明确鼓励教师可以结合残障大学生的实际特点采用多样化的教学方法，如案例教学、小组讨论、角色扮演

等，以便更好地适应残障大学生的特殊需求，提高教学效果。

6.建立教学质量监控：通过完善的教学质量监控机制，可以对教师的教学过程和效果进行全面评估和反馈。同时，鼓励教师进行教学反思和改进，不断提高教学质量。

7.建立反馈机制：学校可以通过残障大学生思想政治理论课教学反馈机制的建立，鼓励学生和教师之间进行双向的沟通和反馈。教师可以定期邀请学生提出意见和建议，了解他们的学习需求和反馈，同时也能了解到自身的不足之处，进而及时调整教学方法和内容，改进教学方法，以提高教学实效性。事实上，这一反馈过程不仅可以帮助教师了解自己的教学优缺点，还能促进教师与学生之间的沟通。同时，学校也可以对教师的教学进行评估和反馈，帮助教师不断改进教学方法，提高教学质量。

8.鼓励教师开展科研：鼓励残障大学生思政课教师积极参与教学和研究工作，将教学中的经验总结为学术成果具有十分重要的意义。一方面可以促进教师对自身教学工作的及时反思；另一方面，可以为同行提供有益的参与和借鉴，促进教师群体的共同成长。因此，评价体系除了要重视教师的教学效果外，还要注重考察教师的学术成果和贡献。

综上，建立科学的评价机制是提高教师专业素养和教学能力的关键。建立科学合理的思政课教师评价机制，对教师的专业素养、教学能力、教学效果等进行全面、客观的评估，激励教师不断提升自身专业素质，提高教育教学质量，这是加强残障大学生思想政治理论课教师队伍建设，提高残障大学生的思想政治课教学实效性的必然要求。

（四）提高教师待遇，建立激励机制

近年来，国内外学者对特殊教育教师队伍建设进行了大量研究。研究表明，促进教师专业发展、提高教师待遇、建立合理的激励机制等措施，都是影响教师队伍建设的关键因素。为激发残障大学生思政课教师队伍的教学热情和创新意识，鼓励教师在教学、科研、社会服务等方面不断努力，学校可以建立针对残障大学生思想政治理论课教师的激励机制，及时对教师工作进行认可和奖励。可以通过设立优秀教师奖、教学成果奖等方式，表彰在残障大学生思想政治理论课教学和科研方面取得突出成绩的教师，提升他们的工作满足感和社会认同感；也可以通过提供良好的工作环境、晋升机会、培训资源以及合理的薪酬待遇等方式，提升教师的工作满意度和生活质量。合理的激励机制可以激发教师的教学热情和创新意识，促使教师更加关注残障大学生的学习需求，鼓励他们积极探索教学方法，提高教学实效性。激励机制具体可包括物质激励、精神激励和职业发展激励等方面，有时几种激励方式可以叠加。

在物质奖励方面，学校可以通过设立教学名师、优秀青年教师等荣誉称号，表彰在教学、科研等方面取得突出成绩的教师，提供更具竞争力的薪酬待遇，例如提高他们的绩效奖金、福利待遇，为优秀教师提供奖励、补贴等方式，确保教师能够获得与其付出相匹配的回报。同时，以设立专项基金的方式支持他们创新教学方法和手段，为其提供良好的教学设施和资源，也是进行物质奖励的方式之一。

在精神奖励方面，设立优秀教师奖励机制，可以设立教学成果奖励、教学改革奖励等，对教学效果显著、学生评价良好的教师进行表彰和奖励，也可以对在教学和科研方面做出突出贡献的教师进行表彰。这可以包括校内外的荣誉奖项、奖金等。鼓励教师积极参与教学改革和创新，激发教师的教学热情和积极性。

在职业发展激励方面，学校可以为优秀教师提供更多的发展机会，比如，通过职称晋升、出国培训等，提高教师的工作积极性；通过加强残障大学生教师职业的宣传和推广，让更多的人了解这一职业的重要性和价值，提升教师的社会地位和影响力；通过组织教师参加社会活动，让教师更好地融入社会，提高教师的社会地位和认可度。通过媒体、宣传等方式，提高教师在社会上的知名度和认可度；此外，关注教师的职业发展需求，为教师的个人成长提供良好的工作环境和必要的教学支持也是职业发展激励的方式之一。

（五）建立教师考核、晋升和流动机制

建立健全的教师考核、晋升和流动机制，是提升残障大学生思想政治课教师队伍素质的有效策略。通过实施这些策略，可以激发教师的工作热情和创新精神，提升他们的教学水平和专业素养，为残障大学生的思想政治课教育提供更优质的服务。同时，应不断完善和调整这些策略，以适应教育发展的新形势和教师队伍的新变化，确保教师队伍管理的科学性和有效性。

1. 考核机制

建立健全的残障大学生思想政治课教师考核机制，定期进行考核，并将考核结果及时反馈给教师，帮助他们不断提升自身的教学水平，也是加强教师队伍管理的重要内容之一。可以通过学生评教、同行评教、教学督导等多种方式对教师的专业能力、教学态度、教学效果等方面进行考核，评估其教学效果、教学质量、教学成果，以全面了解教师的教学情况。通过考核，可以发现教学中存在的问题，并及时进行改进，提高教学质量。在这一过程中，要注意考核标准应明确、公正，确保教师的工作表现得到客观、准确的反映。

2. 晋升机制

明确的晋升机制是激励教师不断进步的重要手段。建立残障大学生教师晋升机制，根据教师的教学业绩、教学成果和科研成果等方面进行评定，对表现优秀的教师给予晋升机会，是对教师的肯定和认可，能够大大激发教师的工作热情，提升他们的职业成就感。注意确保晋升机制的公平公正，可尝试制订残障大学生教师晋升的单评单列计划，激励教师在自己的领域中，不断钻研关于残障大学生的教育教学方法，促进教学实效性的提升。同样，在评定过程中，要制定公平、透明的晋升标准，确保评审过程的公正性和公开性，使晋升机制真正发挥作用。

3. 流动机制

建立教师流动机制，鼓励教师之间的交流与合作，促进教学经验的共享和教学创新的发展。流动机制可以包括教师轮岗、交流任教、跨学科教学等形式，让教师在不同的教学环境中积累经验，提高教学水平。适当的教师流动有助于提升教师队伍的整体素质和活力。应鼓励教师在校内、校际甚至行业间的流动，通过交流和学习，促进教师之间的合作与共同进步。同时，应建立健全教师退出机制，及时淘汰不适合从事教育工作的人员，保证残障大学生教师队伍的整体素质。

（六）强化师德师风建设，增强育人使命

教育家朱永新说：教师与学生是互相依赖的生命，教师每天都在神圣与平凡中穿行①。对于残障大学生教师来说，开展残障大学生思想政治教育需要有更多的耐心和爱心，教师应该关注学生的需求，关注学生的成长，这要求教师具备良好的道德品质和教育情怀。学校应加强对教师职业道德的教育和要求，培养教师的职业道德和职业操守，增强教师的责任感和使命感。具体可以在以下几方面下功夫。

一是通过专题讲座、座谈交流、案例分析等形式开展师德师风活动，组织教师参加志愿服务等方式，让教师了解残障大学生的需求和困难，增强他们的社会责任感和使命感，引导教师树立正确的教育观、学生观和职业道德观，增强他们对残障大学生的关爱意识和责任感。从而更好地为残障大学生提供思想政治教育。

二是建立健全师德师风考核制度，建立健全的监督机制，对教师的优秀表现进行及时表彰和奖励，通过树立师德师风典型人物，发挥道德榜样引领的力量，激发教师的职业热情和教学积极性。对违反师德师风的行为进行严肃处

---

① 朱永新.致教师[M].武汉：长江文艺出版社，2021：1.

理，实行师德师风一票否决制度，引导教师树立正确的教育观念和价值取向，营造良好的教风和校风。

（七）推动教育信息化建设，为教师提供信息技术支持

教育信息化是当今教育发展的重要趋势，未来，随着信息技术的不断发展，教育信息化将会更加深入地应用于教育教学领域。对于残障大学生思想政治理论课教师来说，也要持续关注信息技术的发展趋势，不断探索如何运用新技术创新教育模式和教学方法，为提高教学质量和促进特殊教育事业发展作出更大的贡献。在推动教育信息化建设过程中，可以重点从以下几个方面推进工作。

1. 建设数字化教学资源平台

数字化教学资源平台是教育信息化建设的重要组成部分。学校可以通过推动建设数字化教学资源平台，为残障大学生思想政治理论课提供更多优质的教学资源。一方面，通过建设数字化教学资源平台对教学资源进行收集、整合和功能的开发，可以实现教学资源共享、在线交流等功能，促进教师之间的合作与交流。这个平台可以包括教学视频、电子教材、网络课件、在线习题等多种形式的教学资源，覆盖多种教学内容和教学形式。另一方面，还可以通过建立教学资源共享平台，鼓励教师上传和分享优秀的教学资源，促进资源共享和教学创新，使教学资源不断得以丰富，这样，教师在备课时可以方便地获取各种教学资源，如课件、视频、图片等，并且可以根据残障大学生的特殊需求，通过这个平台获取更具针对性的教学资源，灵活选择和运用教学资源，提高教学实效性。另外，学生也可以通过平台获取更多的学习资源，促进个性化学习，提高学习效果。

2. 提供信息技术支持和培训

学校要为残障大学生思想政治理论课教师提供必要的信息技术支持和培训，帮助他们更好地使用教育信息化工具和平台，提升教师的信息化素养。一是提供技术支持人员，为教师提供技术咨询和指导，解决教学过程中遇到的技术问题；二是组织针对残障大学生思政课教师的信息技术培训，提供信息化培训和学习机会，帮助教师熟练掌握现代教育技术和信息化教学手段。提高教师的数字化教学能力和水平，帮助教师更好地应用教育信息化工具，提高教学效果，为残障大学生呈现更加精彩的思想政治理论课。

3. 加强教育信息化建设的顶层设计

利用信息技术创新教学方式，在为残障大学生思想政治理论课提供更多元化、个性化的教学方式的同时，我们还需要关注特殊教育的特殊性和发展规律，有针对性地制定和实施特殊教育的信息化政策措施。例如，听障大学生和视障大学生对于信息化技术运用各有要求，要制定并实施针对不同类别残障大学生的教育信息化建设方案；专门组织针对特殊教育教师开展相关不同类别残障大学生信息技术运用的培训；开展特殊教育的数字化教学资源建设和共享等。通过这些措施的实施，可以进一步推动特殊教育的信息化进程，提高特殊教育的质量和水平。

4. 促进信息技术向创新教学方式的转化

信息技术的发展为教学方式创新提供了有力支持，学校可以利用信息技术创新教学方式。例如利用虚拟现实技术、在线教学平台、智能化教学设备等，为残障大学生思想政治理论课提供更多元化、个性化的教学方式，实现个性化教学、差异化教学，更好地满足残障大学生的学习需求。通过信息技术，可以打破传统的教学模式，创新教学手段，为残障大学生提供更具吸引力和有效性的教学体验。例如，利用虚拟现实技术可以创造更生动的教学场景，激发学生的学习兴趣；利用在线教学平台可以实现远程教学，为残障大学生提供更便捷的学习途径。这些创新的教学方式可以提高教学质量，促进残障大学生思想政治理论课教学实效性的提升。

综上，学校通过推进建设数字化教学资源平台、提供信息技术支持和培训、加强教育信息化建设的顶层设计、促进信息技术向创新教学方式的转化，有助于促进残障大学生思想政治课教师进行教学改革与创新，从而不断提升教学实效性。

（八）加强人文关怀，营造良好的工作环境

加强人文关怀，关注教师的生存状态，为有困难的教师送去温暖，为他们提供必要的资源和支持，关注教师的心理健康，保障教师的合法权益，提高教师的职业幸福感，为教师创造良好的工作环境和条件，这些都让教师能够安心教学，集中精力提高教学质量，也是加强残障大学生思想政治理论课教师队伍建设的方式之一。

第五节　残疾人高等教育教学质量保障机制构建路径

一、多方联动合作，加快完善残疾人高等教育制度保障

第一，残疾人高等教育教学质量保障机制的构建是一项系统工程，离不开政府部门、高校及社会各界联动支持。政府部门要对推动开展残障大学生教育教学给予重视，在提升残障大学生的教育教学质量方面给予激励性政策，并写进制度性、规范性文件中，使残障大学生教育教学有更加细则性的制度依据。例如，明确残疾人高等教师的培养，培训规范；构建对残疾人高校教育教学质量的的监控及学生学习效果评价机制；对高校为残疾学生学习和生活创造必要的特殊条件等进行规定，切实维护残疾人接受优质高等教育的权利和未来就业的现实保障，如绥化学院特殊教育学院的"手言心语"听障大学生就业咨询工作室，就在2022年全国高校职业生涯咨询特色工作室成功立项，工作室的成立就是依据《残疾人就业条例》《促进残疾人就业三年行动方案》和《"十四五"残疾人职业技能提升计划》为建设指南，依托中国残疾人就业创

业网络服务平台，聘请省残疾人服务中心专家作为客座顾问，经常和招收听障大学生的其他高校进行交流学习。根据听障生就业实际需求，有的放矢、因材施教对听障大学生开展就业咨询，建立"一人一策"就业服务台账，开展"一对一"精准服务。他们主动开拓就业市场，摆事实、学案例现身说法，提醒残障大学生注意就业权益保障，"一生一案"，以终身服务为理念，开展就业转衔服务及离职后再就业引导。

第二，政府相关部门应对地方高校和社会办学中的残疾人高等教育加强顶层管理和具体办学指导，对与教学效果休戚相关的教学质量、条件、设备进行定期的检查与评估，以给高水平的教学质量奠定基础。因为残疾人高等教育需要诸多辅助学习的软件和硬件，以解决学生因生理上的缺陷而在学习上产生的困难。所以残疾人高等教育在同一教学内容上需要的经费往往高于普通高校一倍或数倍。这就需要政府部门扩大对残疾人高等教育投入的预算，在经费下拨时真正实现资金的到位，以保证残疾人高等教育发展需要。高校需以残疾人高等教育教学质量不断提高为目的，持续性地争取主管部门的扶持，落实十三五规划中优先发展教育的战略决策。并确保划拨到位的资金专款专用，落实到在提高残疾人高等教育教学质量提高的建设上。尤其是有些特殊教育院系设在普通高校中，并不拥有真正的经济管理权力，经费使用受到限制，基于这种现状，更应由高校来构建保证相关经费要落实到特殊教育院系的残疾人专业教学质量建设的投入体制。各级政府教育主管部门应设立相关机构，对地方高校和社会办学中的残疾人高等教育加强顶层管理和具体办学指导。

此外，重视家庭教育，形成教育合力，要在制度层面保障残障大学生家庭教育与学校教育、社会教育的同向同行。家庭教育对残障大学生的思想意识、行为举止有着潜移默化的重要影响，由此，积极引导有残障子女的家庭进行积极健康的家庭教育是至关重要的。首先，家长担任残障子女的第一任老师，要拥有正确的教育理念和教育方法，这需要社会层面对其进行有效引导，帮助家长消除一些错误的观念。比如有些残障子女的父母会有自卑、羞愧的心理，认为和别的家庭相比，自己有矮人一截的心理负担，因而常常产生负面、焦躁情绪，这就需要引导家长摆正心态，正确看待子女的生理缺陷。生理缺陷并不意味着残障人士只能一事无成，父母要以乐观的态度看待生活，看待孩子的心理缺陷，给残障子女积极的暗示，正确看待孩子身体上的残疾，要让孩子知道很多残障人士通过积极努力面对生活，都创造了自己引以为傲的精彩人生。其次，克服一些家长对待残障子女的两种错误倾向。一种是基于残障子女的先天心理缺陷，就降低对孩子的期望值，认为孩子可以随意发展，不期待有多大的成就，因而弱化对孩子的培养，淹没孩子在某些方面的特长，阻碍了孩子综合素质的提升；一种是因为残障子女的生理缺陷对其产生无限怜悯，生活中对孩子过分溺爱，让孩子缺失了感恩之心，进而在学校和社会中都认为他人对自己有亏欠，来自学校、社会和他人的帮助与关心是应该的，这种认知带来的价值观对孩子有着严重的不良影响，甚至导致一些残障学生在学校中有随意拿别人东西，却认为是正常行为的现象。由此，作为残障子女的家长十分有必要学习相关的教育知识，培养正确的教育理念，主动地学习教育心理学方面的知识，并积极参与到对子女的教育活动中来，用正确的家庭教育方式引导残障子女形成正确的三观。再次，家校合作非常重要。家长要做到与学校思想政治教育工作部门保持密切联系，对残障子女的在校情况深入了解，尤其是对残障子女的思想状态和心理变化有及时的了解，多和孩子沟通，了解他们在校的所思所想，遇到困难和心理障碍时能向学校及时反馈，建立起有效的家校合作机制，从而实现对残障大学生思想行为教育的有效引导。

二、加大师资投入，不断壮大残疾人高等教育师资队伍

第一，我省残疾人高等教育的师资队伍结构，要参照并达到普通高校的目标要求，因为这是残疾人高等教育教学质量的基本保障。这些情况对应要求残疾人高等教育教师队伍提高高等职称的教师比例，提高教师的学历水平，让更

多有经验的中壮年教师进入这支队伍，以解决教师队伍的整体结构不合理问题。同时，基于残疾人高等教育是以残疾人大学生更适合的应用型人才为培养目的的，因此，对教师队伍的结构要素还应该进行扩充，强调教师具有相关学科行业的实践经历；强调专业的实践能力；强调教师在专业学科建设和人才培养中的重要作用，这些都是残疾人高等教育从业教师所必须具备的重要能力。

第二，基于残疾人高等教育的教学对象的特殊性，残疾学生与普通大学生相比，在生理和心理上有着明显的差异，在进入高校前，残疾人接受的教育水平也不尽相同，有的在普通学校里接受融合教育，有的在特殊学校里接受专门教育，这也决定了残疾学生在教育基础和认知能力方面存在显著差别，这些差异的存在决定了残疾人大学生教学工作的复杂性。这就要求从事残疾人教育的高校教师掌握有关残疾人心理、社会学等多方面的知识，拥有提供因材施教、综合考量、精细化教学的能力。要达到这些目标，就需要加强对残疾人高等教育教师的培养和培训力度，有规划地给教师进行有效的培训，不断地完善其对特殊教育技能的掌握。基于残疾人高等教育教师还应该具备熟练运用手语、盲文等技能，多元化的生动表达能力，及熟练运用计算机信息化教学方法等要求，决定了从事残疾人教学过程的难度十分巨大。所以在尽力对专业教师进行运用手语、盲文技能培训的同时，应该加大引进专业的、高水平的具有以上技能的专业教师，理想的状态是能够给课程教师配备一定比例的手语、盲文辅助教师，抑或在学生中挑选具有与正常人和残疾人沟通能力的学生做助教，协助课程老师进行教学，以保障高质量的教学效果。

三、完善学科建设，着力健全残疾人高等教育服务体系

第一，加快完善残疾人高等教育的专业设置。黑龙江省残疾人高等教育发展时间还较短，理论研究和实践检验较为欠缺，专业设置较为狭窄。随着先进制造业、现代服务业的快速发展，就业市场岗位的多元性和多样性愈加凸显，这也意味着学生职业教育的需求也更加多元化。应在充分尊重和发挥残疾学生

的潜能与特长的基础上，不断开拓适合不同类型残疾人学生的专业。除目前开设的计算机与技术专业、环境设计专业、电子商务专业外，黑龙江省应该向国内其他残疾人高等教育院校汲取办学经验，在专业设置上，可以增加如烹饪、酒店服务、工艺美术、推拿按摩等专业。另外，在专业技能选修课方面，现在开设的选修课多以黑龙江地方特色文化为主，如剪纸、黑陶工艺、手工串珠等。还可以开设一些如茶艺、咖啡冲泡、美甲、化妆、糖艺等专业，开设与在图书馆、无人超市工作相匹配的专业技能选修课。高校需要在残疾人的专业学科和内容设置上具有一定的前瞻性，积极探索适应新时代的教育模式，设置更具灵活性和社会适应性较强的专业学科，以此来提高残疾人大学生走向社会的综合竞争能力。

第二，积极搭建残疾人高等教育网络教学资源。随着网络教学在高校中的普遍应用，充分验证了其在挖掘教育发展潜力上的重要作用。而网络教学的多样化和技术性无疑会给残疾人大学生的学习带来更大的便捷，为解决他们学习过程中面临的困难带来更多的途径。高校应该通过现代化网络充分应用这些资源，使之成为提高残疾人高等教育教学质量的有机组成部分。首先，积极利用网络共享的教学资源。高校相关部门和院系应充分收集丰富的的网络教学资源，并进行有针对性和具实用性的分类整理，不断扩充原有的网络教学资源库。同时，根据教学的需要，购买适合的优质网络教学资源，弥补传统教学环境下教学资源匮乏的问题。其次，可以自主开发相应的教学资源，如绥化学院特殊教育学院手语课，由学院特殊教育专业老师自主开发，录制成慕课供教学使用，这个过程在一定程度上既缓解了资金不足的问题，又有效提升了教师团队的专业能力。既能满足本院校的残疾人教学需要，在资源后期的更新和维护方面也拥有全权；积极参与，开展校际网络资源共享共建项目，可通过与有丰富教学资源建设经验的院校合作，先了解和熟悉该院校的网络教学资源，再通过信息交流，实现共享共建。既避免了重复建设，又提高了自我建设网络教学资源的能力。

四、重视就业指导，着力健全残疾人就业服务体系

构建以残障大学生就业创业指导课程为核心的就业指导体系，找准解决残障大学生就业难的根本性问题，逐渐形成并健全"政府主导、社会参与、高校行动、家庭保障"的残障大学生就业体制机制，以提升残障大学生就业技能为核心，不断提升残障大学生在就业市场的竞争力，这也是检验残障大学生高等教育教学质量的重要指标。

一是结合地方实际制定合理的残障大学生就业保障政策。科学有效地就业政策能为残障大学生就业更好地保驾护航，以优惠的政策鼓励用人单位招收一定比例的残障人士，并要求用人单位依据《中华人民共和国残疾人保障法》制定详细的用人要求，建立合理的监督机制，形成对用人单位的监管，从根本上真正落实残障大学生的就业问题，让残障大学生真正实现平等就业。在这一过程中，政府部门、残疾人联合会以及教育部门要通力合作，始终保持互助合作关系，共同为解决残障大学生就业问题通力合作，相互给予政策支持，结合当地经济社会发展的实际状况以及残障大学生的就业需求情况，制定有利于推动残障大学生就业的有效方案；与此同时，在有条件的情况下，尽力为相关用人单位投资，帮助相关单位成立安置残障大学生就业的专门部门，切实有效地推动残障大学生就业工作顺利开展。

二是加大力度引导用人单位增强社会责任感。这需要着力在社会面加大政策宣传力度，引导用人单位树立社会责任感，消除对残障毕业生的歧视。用人单位作为吸纳残障大学生就业的主要场所，要引导它在企业文化建设方面以正确理解社会主义核心价值观，树立包括"以人为本为起点、以爱国主义为核心、以社会荣辱观为基本道德准绳、以集体主义为重要标准、以社会主义和谐为最终目标"等在内的价值理念，并在政策宣传上引导用人单位多做有利于社会和谐发展的事情，且更为重要的是，对于吸纳残障大学生的用人单位要加大力度宣传报道，从而让践行这一价值理念的用人单位在社会层面产生广泛的影

响，最终通过良好的企业形象的树立，提高用人单位的核心竞争力，最终转化为切实的经济效益，达到使残障大学生顺利就业和企业取得更好发展的双赢结果。另外，需要指出的是，对于雇用残障大学生的用人单位要说明一点，接收残障大学生并不是要以牺牲企业发展为代价，并不是单纯地为了完成企业的社会责任，尤其是要摒弃对残疾人只能做一些简单劳动的错误认知，还是要根据用人单位的实际状况招聘人才，在这一过程中，唯一需要的就是能为残障大学生提供平等的就业机会。

三是加强高校对残障大学生就业创业方面的指导。首先，高校在残障大学生的就业和创业方面要给予充分重视，学校就业指导中心要联合残障大学生所在学院，成立专门的残障大学生就业工作领导小组，摸清不同专业残障大学生的就业需求与当年的就业形势，给残障大学生讲清现实的就业形势，引导残障大学生结合自身实际情况形成清晰的认知，合理设定就业期望值。在这一过程中，还要建立起相关的人文关怀保障机制，多与残障学生沟通，通过交流掌握他们的就业诉求与心理变化，要认识到残障大学生是一群具有强烈独立意识、自我意识、竞争意识的学生个体，在就业市场中不能让他们因身体缺陷而陷入就业难的困境。以往这样的困境常给残障大学生带来不小的心理压力，这种压力如果不能得到及时排解，残障学生往往容易陷入挫败、自卑相互交织的心境，对残障大学生的成长带来不良影响。由此，高校更要对这一特殊群体确立"以人为本"的工作理念，从了解残障学生的内心世界入手，引导残障学生树立正确的就业、创业观，帮助残障大学生认识到自己的就业焦虑是正常的，并通过就业创业课、心理健康课的课堂讲解，让其认识个体身心发展的规律和特点，并做一些心理测评让残障大学生正确面对自己的不良情况，学会排解焦虑，调节情绪。此外，也可以通过团体心理辅导和团体训练的方式，将具有同质性的团体成员集结到一起，表达自己的想法、感受，通过成员间共同分享的观点和办法，产生互相的思想撞击，由教师引导总结，最终形成解决问题的正能量。这种积极的正能量应用到日常学习和生活中，有利于残障大学生提升对问题的认知、促进健康人格的形成，这对于缓解其就业压力，使其以平和积极心态面对求职有一定的帮助。其次，要加强对残障大学生抗挫能力的日常训练。残障大学生由于生理缺陷，往往自卑感强，比较敏感，平时对很多问题的看待相对极端，对待失败、挫折容易走进思想的死胡同。比如日常的测验中，有些残障学生会因为看到与同学之间有一分的差距，也要求老师解释清楚原因，直到他能够接受为止。由此，日常学习生活中，要加强残疾学生挫折教育。可以通过人为地设置一些障碍，创造让他们接受挫折的机会，以此来增强其抗挫折的心理承受力，并逐渐引导残障大学生认清生活中常有不如意，如何成功解决和面对失败挫折是非常重要的必修课，建立强大的心理准备后，在就业求职的路程中，就能做到既不妄自尊大，也不妄自菲薄，通过清晰客观地评价自己，设定合理的就业目标，从而顺利就业。再次，要在残障大学生就业指导课程建设方面下功夫，不能将健全大学生的就业指导课内容全部移到残障大学生的课程中，除了要给残障大学生讲清基本的"职业分类""职业准备""就业权益"等内容，还要抓住更加贴近实际的内容，比如重点围绕残障大学生的就业案例，讲清残障大学生的就业政策、法律保障，市场更加看重残障大学生哪些方面的专业技能等，用活生生的案例激发残障大学生对就业指导课的兴趣，同时，让他们能从案例中找准自己的就业方向，并反思自身在大学期间应做好怎样的准备，坚定自身的就业信心。此外，就业指导部门还可以联系前几届成功就业的残障学生返校做讲座，进行有针对性且说服力强的就业指导。最后，抓住残障大学生通过创业实现就业的有效途径，积极开展针对残障大学生的创业教育的指导课程，不断提升残障大学生的创业意识，通过挖掘残障大学生的潜力，不断提升其创业技能。以我校为例，学校构建了听障生"专业＋特技＋创业"工作室制人才培养模式，开设了听障生剪纸技艺创新创业工作室、不言阁手工皮革创意研发工作室、聋听无障碍沟通工作室、网络运营工作室等

14个工作室。工作室为同学们提供了发挥特长、自主创业的机会，也为他们更好地融入社会、实现自我价值打下了坚实基础，让他们在无声的世界中绽放精彩人生[①]。事实上，当前的创业氛围为残障大学生谋求生存发展提供了广阔的空间，国家为残障大学生在创业方面制定了很多的优惠政策，学校要及时准确地传达给学生。此外，在创业指导课的内容准备方面，要尤其重视对残障大学生沟通能力、实践能力和团队合作意识的培养，全方位提高其在创业过程中的核心竞争力。

最后，学校就业指导中心要积极与当地残疾人联合会等相关部门沟通联系，通过协调为残障大学生创造更多的职业技能培训机会，从专业角度引领残障大学生不断提升自身的职业技能水平，形成就业优势，增强残障大学生对就业的自信心。这里，以《绥化日报》对我校听障毕业生任天旭的报道为例，说明这一渠道是可以帮助残障大学生实现成功就业的。以下是报道的图片及原文。

---

① 绥化学院官网：http://tjxy.shxy.edu.cn/info/1089/3951.htm

图 5-1 图为《绥化日报》报道我校听障生任天旭同学的就业事例

任天旭向阳而生，走出寂静的世界任[①]。

为什么眼前的世界这么静寂？

任天旭，市第一医院档案室的一名编码员。幼时因用药不当致聋，致使他

---

① 沈雪，任天旭.向阳而生走出寂静的世界任[N].绥化日报，2022-5-13（3）.

的世界寂静无声。可没有想到的是，二十余年来，这个曾经孤僻、自卑、脆弱的少年，成长为一名自信、乐观、坚强的励志典范。

"我从小就和奶奶一起生活，是奶奶的坚毅和不放弃，让我重生。"在谈到儿时的艰苦岁月时，任天旭一直带着淡淡的微笑。经年的旧事或许在他心上留下了不可磨灭的印记，但正如他所言："这一路走来，我所得到的其实要远远大于我所失去的。"成长与求学过程中遇到的坎坷，在政府与无数好心人的帮助下一一被战胜，幼时因党的关怀而萌生的对于入党的执着，一直在心底激荡着，使他最终成为一名党员。

宝剑锋从磨砺出，梅花香自苦寒来。16岁时，任天旭考上了绥化学院中专部，后来又通过绥化学院残疾人单考单招考试，顺利升本，成了一名环境设计专业的大学生。

学艺路漫漫，不畏霜雪寒。7年的学习，任天旭的成绩一直名列前茅。任天旭聪明好学、刻苦努力的精神，得到了老师们的赞扬，也赢得了同学们的钦佩。

2020年10月，任天旭来到深圳，抬头望去，每一个明亮的窗都不是自己的家，举目无亲，将何处寻一个归宿？

尽管不知应聘了多少公司，每每招聘人员看到简历上写着"听力残疾"，便会以"不方便沟通"为由委婉拒绝他。

一面是满怀期许、不甘屈就；一面是重重障碍、岗位稀少，任天旭迷茫了。就在这时，母校积极帮他联系了省内的就业岗位，终于，任天旭通过了绥化市第一医院的招聘考试，成了一名档案室编码员。他也是绥化市第一医院第一位聋人职工。

任天旭没有辜负社会各界无微不至的关爱。在工作中严格要求自己，认真录入每一个病人的档案，他知道那是一个个家庭的希望和爱。他还认真核对病人用药及治疗细节，虚心向同事学习录入技巧，他相信自己一定能做好这份工作。

经历成为背影，挫折让人学会思考。尽管一路风尘，任天旭却面带微笑，向阳而生。此刻，他眼前的世界依旧绚丽多彩，不同的是歌声如潮、鸟语花香……

四是完善推进残障大学生就业的家校共育合力模式。家庭对子女就业的期待也是影响残障大学生就业理念的重要因素，家长在日常生活中表达的一些理念和认知往往会潜移默化地影响孩子，家庭发挥的这种隐性功能甚至会影响残障大学生的最终选择，由此，关于就业问题，也要通过家校间的有效沟通达成共识。这一方面需要建立关于残障大学生就业的家校沟通平台，学校通过邀请家长参加"云上"就业讲座等方式将就业形势与就业政策传达到位，让家长对孩子的就业问题有一定的了解；另一方面，引导家长积极配合高校就业工作，发挥家长对于孩子个性习惯比较了解的优势，引导残障大学生有针对、有计划地提升自己的专业能力，这有利于形成针对残障大学生就业的个别化辅导，帮助残障大学生结合自身实际情况制定切合实际的就业选择，最终达到提升残障大学生在就业问题上的决策和选择能力。

五、优化外部环境，完善残障大学生思想政治教育的相关制度

改革开放以来，相继出台的特殊教育专项法规使得特殊教育法律法规体系得已初步建立，对于推动残障大学生思想政治教育的开展起到了不可替代的作用。然而，这些法规文件主要是针对学前教育、义务教育、职业教育的残疾学生而制定的，有关残障大学生的法律法规还存在严重滞后的现象。因此，制定和完善残障大学生的特殊教育专项法规势在必行。一是残疾人社会保障体系和服务体系的完善，有利于推进残障大学生教育、就业、医疗及养老等事业取得跨越式发展，也是事关残障大学生思想行为健康与否的关键。二是要消除对残障大学生就业的歧视和偏见，利用有利条件打破残障大学生进入社会的有形障碍，提升残障大学生无障碍建设的深度和广度，倡导平等、参与、共享的就业形势。

六、形成多渠道育人模式，形成残障大学生思想政治教育的合力保障

残障大学生思想政治教育需要来自多个渠道、多样化的育人手段和育人模式形成合力，发挥作用，才能取得理想的成效。比如要有来自理论研究的支撑、思想政治教育队伍的壮大与建设、校园文化塑造的人文环境，以及建好网络平台构筑的新阵地等。

在理论研究支撑方面，要积极搭建残障大学生思想政治教育的研究平台，开展专项研究，调动工作在残障大学生一线的专业课教师、辅导员等的研究热情。对此可以采取课题立项的方式，针对残障大学生的思想政治教育进行更加系统、全面的研究，可以通过"走出去"和"请进来"相结合，与国内同行专家进行研究、交流，把对残障大学生的思想政治教育研究上升到科学化水平，这不仅能为日常有效地开展理解残障大学生思想政治教育工作提供理论武器，还能不断提升和繁荣大学生思想政治教育领域的研究成果。

在残障大学生思想政治教育工作队伍建设方面，首先，要不断壮大残障大学生思想政治教育工作队伍，从当前这一队伍的师生比例看，还存在着严重的不足。残障大学生因其教育的特殊性，其比例应高于健全大学生的师生比。另外，要尽量设置专职工作人员。在没有配备专职工作人员的情况下，高校要尽可能将全校相关的负责老师组织起来，相互配合、形成合力，共同开展残障大学生思想政治教育工作。从创新思想政治教育工作的方法角度，基于残障人士间相互了解的身心发展规律，以及他们沟通顺畅、对事物更容易感同身受的特点，还可以尝试招聘优秀的残障人士进入残障大学生思想政治工作队伍中，因为他们在开展工作时更容易得到残障大学生的信赖和认同。当然，需要在招聘环节重点考察应聘者的综合素质，其既要有一定的文化理论素质，更要有良好的师德师风，能够熟练运用心理学知识，使之能够对残障学生思想政治教育工作的开展做到有的放矢。

在校园文化建设方面，要注重打造良好的人文环境，发挥环境对人潜移默化的影响作用。校园中的一处景观、一处建筑、一块展板、一个条幅、一个无障碍设施，都是一个学校传统、教风、学风的渗透和体现。这对残障大学生来说，都是无声的熏陶。相对于健全大学生来说，往往静态的教学手段更容易产生明显的教育效果，由此，我们不能忽校园文化建设中的一些细节，要充分考虑残障大学生这一主体，充分发挥其育人功能。

在网络平台的的构筑方面，要注重用好这一残障大学生思政治想教育工作的新阵地。中共中央、国务院在《关于加强和改进大学生思想政治教育的意见》中指出，"要全面加强校园网的建设，使网络成为弘扬主旋律、开展思想政治教育的重要手段"。与传统的思想政治教育方式相比，网络这一新的思想政治教育阵地具有特殊性。一方面，网络的便捷、高效、时效性强等特点为残障大学生的思想政治教育创造了前所未有的新机遇。我们可以通过校园网络建设，开辟残障大学生思想政治教育等相关内容的专栏、公众号等，用生动、灵活、带有娱乐性的形式将要传达的内容进行充分展现，使原本枯燥、刻板的内容更加贴近生活、贴近残障大学生的认知习惯。与此同时，我们也要看到另一方面，即网络安全的把控等问题也给残障大学生的思想政治教育带来了前所未有的挑战，要注意出品内容的严格把控，建立严格的审核制度，确保输出的内容准确、严谨，不让任何带有不良思想的内容有可传播的机会，确保用好网络平台这一新时代的新武器，开展更加有效的残障大学生思想政治教育。

参考文献

1. 著作

[1] 朱永新. 致教师 [M]. 武汉：长江文艺出版社，2021.

[2] 张健萍，陆忠华. 残障大学生职业发展与就业指导 [M]. 北京：知识产权出版社，2015.

[3] 张洪杰. 残疾大学生人格教育研究 [M]. 北京：人民出版社，2017.

[4] 冯卫东. 做一个成长型教师 [M]. 北京：中国人民大学出版社，2024.

[5] 朱永新. 新教育 [M]. 桂林：漓江出版社. 2021.

[6] [苏]B. A. 苏霍姆林斯基. 给教师的建议 [M]. 武汉：长江文艺出版社，2014.

[7] 朱永新. 我的教育理想 [M]. 桂林：漓江出版社，2014.

[8] 徐世贵，蔡淑卉. 教师听评课实用技巧 [M]. 上海：华东师范大学出版社，2023.

[9] 老踏. 教师力：教学、科研和终身成长 [M]. 北京：清华大学出版社，2022.

2. 期刊

[1] 朱永久. 新时期聋生道德体验的激发与培养 [J]. 中国特殊教育，2004（07）：26–28.

[2] 崔媛.高职聋人特教班思想政治理论课教学初探[J].天津职业院校联合学报,2012(07):36-38.

[3] 李秀敏,阴国恩.大学生上网行为与人格特质相关性研究[J].心理发展与教育,2004(01):34-37.

[4] 王海桥,张颖聪.试析网络时代思想政治教育方式的创新[J].学校党建与思想教育,2021(23):77-79.

[5] 于游.特殊时期残疾和健全大学生德育工作比较研究[J].北京联合大学学报,2020(10):65-70.

[6] 林楠.思政课视域下讲好中国故事的三个维度[J].中国青年社会科学,2020(6):45-51.

[7] 林海燕.残障大学生思想政治教育的困境与突破路径[J].现代特殊教育,2018(2):23-26.

[8] 陈南南.残障大学生思想政治教育探析[J].学理论,2013(1):259-260.

[9] 丁勇.新时代我国特殊教育发展面临的新形势与新任务[J].现代特殊教育,2018(2):5-9.

[10] 严茹,顾雪英.残障与普通本科新生心理健康状况比较[J].中国学校卫生,2021(09):1380-1383.

[11] 李嘉超,储祖旺.美国大学生心理健康服务的新问题与应对策略[J].清华大学教育研究,2021(06):62-71.

[12] 马红霞,程三银.听障大学生社会支持与生活满意度的关系:自我效能感的中介作用[J].北京联合大学学报,2020(04):57-64.

[13] 韩振峰.当前大学生心理健康问题及应对策略[J].人民论坛,2020(23):121-123.

[14] 于娣,邱观建.对残障大学生思想政治教育的思考[J].学校党建与思想教育,2019(11):42-43.

[15] 俞晓婷.新媒体视阈下残障大学生思想政治教育的对策探析 [J].佳木斯职业学院学报,2018（07）：184-185.

[16] 张九童,王颖.思想政治教育视野中的残障大学生公共品格培育研究 [J].长春大学学报,2019,29（09）：120-124.

[17] 李强,乐国安,张然,鲍国东,姜海燕.聋哑大学生心理健康状况及与社会支持的关系 [J].中国临床心理学杂志,2003（04）：267-269.

[18] 漆向军,张建华.网络对当代大学生的影响及对策探讨 [J].西南民族学院学报（哲学社会科学版）,2002（S3）：175-177.

[19] 蒋洪池,龚琬晶.融合教育理念下英国高校残障大学生学业支持服务的现状、特点及启示 [J].中国特殊教育,2022（05）：42-49.

[20] 蔡翾飞,余秀兰.高校的学业支持与残障大学生的学习参与 [J].青年研究,2022（02）：62-71.

[21] 张豫南,周沛."网络资源—综合赋权"：残障大学生高等融合教育支持研究——基于高等融合教育试点的双案例分析 [J].中国特殊教育,2022（03）：17-24.

[22] 唐淑芬.关心支持办好特殊教育——回顾在党的领导下我国特殊教育事业的发展 [J].中国特殊教育,2021（08）：3-6.

[23] 张茂聪,郑伟,侯洁.试论残疾人高等融合教育支持服务体系的构建——基于高等融合教育试点工作文本分析 [J].中国特殊教育,2020（06）：10-17.

[24] 李里.公平而有质量的特殊教育,关键在于教师 [J].昆明学院学报,2019（05）：33.

[25] 冯伟雄,王巨华.法律保障、理念引导、社会参与——台湾特殊教育的经验与启迪 [J].广东教育（综合版）,2014（09）：65-68.

[26] 仇竹妮,张恒硕.试论残障大学生思想政治理论课教学体系构建路径 [J].

吉林教育，2021（32）：78-80.

[27] 曹同涛．践行"三融合"理念构建残疾人高等教育专业人才培养与职业发展新格局 [J]. 现代特殊教育，2022（06）：6-7.

[28] 胡晓红．高校思想政治理论课"用教材教"的教学理念与实践探析 [J]. 思想理论教育导刊，2022（06）：117-123.

[29] 李毅弘．教材体系向教学体系转化难点透析——以思想政治理论课为例 [J]. 黑龙江高教研究，2011（06）：98-101.

[30] 汪甜甜，邓猛．"双一流"大学里的"少数派"——融合教育背景下残障大学生高等教育体验探究 [J]. 教育学报，2021，17（05）：170-183.

[31] 赵勇帅，邓猛，汪斯斯．西方残障身份发展理论述评及本土化思考 [J]. 残疾人研究，2020（01）：33-40

[32] 吴冠磊．残障大学生传承红色基因的路径和策略研究 [J]. 现代特殊教育，2021（12）：51-55.

[33] 许桂芳．新时代高校思想政治理论课传承红色基因的价值意蕴及其实现 [J]. 教育理论与实践，2020（33）：33-35.

[34] 赵勇帅，邓猛，汪斯斯．残障大学生的身份体验 [J]. 青年研究，2021（01）：84-93.

[35] 曲相霏．《残疾人权利公约》与中国的残疾模式转换 [J]. 学习与探索，2013（11）：64-69.

[36] 柯敏，李红．我国残障大学生体育教育执行功能阻碍因素与对策研究 [J]. 长江大学学报（自科版），2015，12（04）：68-71.

[37] 李欢，汪甜甜．融合教育背景下美国高校对残障大学生的特殊教育支持与服务体系研究——以密歇根州立大学为例 [J]. 中国特殊教育，2019（04）：3-10.

[38] 卢茜，雷江华．美国高校残疾人服务特点及对我国高校的启示 [J]. 中国特

殊教育，2010（9）：27-32.

[39] 齐金玲，李辉.残疾大学生自信心团体辅导效果研究 [J]. 中国健康心理学杂志，2011（19）：317-318.

[40] 孙立恒，张洪杰.大爱有痕，铺就残障大学生炫彩人生——长春大学残障大学生就业工作纪实 [J]. 中国大学生就业，2015（01）：18-21.

[41] 张海丛，麻一清，陈颖.视力障碍大学生挫折感类型与特点分析 [J]. 中国学校卫生，2010（2）：186-187.

[42] 许敏.残障大学生就业创业存在的问题与解决对策及措施 [J]. 白城师范学院学报，2012（12）：59-61.

[43] 葛媛媛，陈多政，房芳.残健融合：大学生思想政治教育的困境与突破路径——以辽宁特殊教育师范高等专科学校为例 [J]. 课程教育研究，2019（14）：83

[44] 关珊，李心沁.残障大学生职业能力可持续发展培养研究 [J]. 绥化学院学报，2022（04）：16-19.

[45] 蔡翩飞，余秀兰.高校的学业支持与残障大学生的学习参与 [J]. 青年研究，2022（02）：62-71

[46] 仇竹妮，张恒硕.残障大学生思想政治理论课教材体系转化路径探究 [J]. 通化师范学院学报，2021（11）：128-132.

[47] 李霞妹.先进典型教育：融合教育环境下高校思政教育方法探究——以南京特殊教育师范学院为例 [J]. 文教资料，2021（26）：86-89.

[48] 朱玉飞.残障大学生就业价值取向引导的实践 [J]. 就业与保障，2021（10）：61-62.

[49] 赵星.积极心理学视域下残障大学生生命教育课程体系的构建 [J]. 太原城市职业技术学院学报，2021（03）：149-151.

[50] 曹卫红.融合教育背景下日本残障大学生支援与支持保障研究 [J]. 现代特

殊教育，2020（10）：58-63.

[51] 韩同远．构建"五位一体"布局开展高等融合教育工作——武汉理工大学高等融合教育试点工作总结 [J]. 现代特殊教育，2020（06）：6-7.

[52] 吴填，王笃强．积极心理学取向的残障大学生生涯适应力团体辅导研究 [J]. 社会工作与管理，2020（01）：60-65.

[53] 严茹．融合教育背景下特殊教育院校大学生心理健康状况调查研究 [J]. 现代特殊教育，2019（18）：42-48.

[54] 黄惠娟．融合教育背景下视障大学生创新创业能力培养的启示 [J]. 文教资料，2016（33）：130-131.

[55] 伊藤聪知，王峥．创建无障碍支援体系推动残障大学生就业创业 [J]. 绥化学院学报，2014（01）：10-15.

[56] 马承波．残障大学生就业问题探析 [J]. 长春工业大学学报（社会科学版），2010（03）：55-57.

[57] 马宏霞．残障大学生身体自我的现状研究 [J]. 濮阳职业技术学院学报，2010（01）：120-121.

[58] 张健萍．残疾人高等教育院校支持性创业体系的建构 [J]. 教育理论与实践，2011（30）：17-19

[59] 张微．残障大学生就业社会支持系统研究 [D]. 中南民族大学，2008.

[60] 张炜平．大学生就业教育中的人文关怀探析 [D]. 河北师范大学，2008.

[61] 宋志强．残障大学生思想政治教育研究 [D]. 中共中央党校，2009.

[62] 高家军．融合教育理念下残疾人高等教育政策实施效果研究 [D]. 武汉理工大学，2016.

[63] 文桃．普通学校融合教育支持系统建构的困境与出路 [D]. 西北师范大学，2018.

[64] 曹丽丽．思想政治教育视域下大学生心理亚健康问题研究 [D]. 南京信息工

程大学，2016.

[65] 吴娜 . 社会主义核心价值观引领红色文化创新发展研究 [D]. 南昌大学，
2020.

[66] 张颖 . 新时代大学生艰苦奋斗精神教育研究 [D]. 东北师范大学，2018.

[67] 王洪芳 . 残障大学生网络人际交往行为研究 [D]. 西北民族大学，2020.

[68] 马宇 . 我国残疾人高等融合教育支持体系研究 [D]. 南京师范大学，2014.

[69] 陈涛 . 残障大学生思想政治教育现状及对策研究——以重庆市为例 [D]. 重
庆师范大学，2013.

[70] 高静 . 台湾残障大学生社会支持的研究——以 D 大学的资源教室为例 [D].
上海师范大学，2019.

[71] 曹文泽 . 让思想政治理论课充满活力——在价值引领中增强大学生获得感
[N]. 人民报，2017–10–13（7）.

3. 网址

[1] 中国共产党新闻网：http://cpc.people.com.cn

[2] 光明网：https://theory.gmw.cn/index.htm

[3] 人民论坛网：http://www.rmlt.com.cn

[4] 中国网：http://www.china.com.cn

[5] 求是网：http://www.qstheory.cn